2020年中国人事科学研究横向社会课题（SH2020-3）

2019年度广西高等教育本科教学改革工程项目（2019JGZ133）

2020年广西高等学校师资管理研究会课题（SZKT202013）

Start a Business

大学生创新创业素养的培养路径与策略

黄娟 著

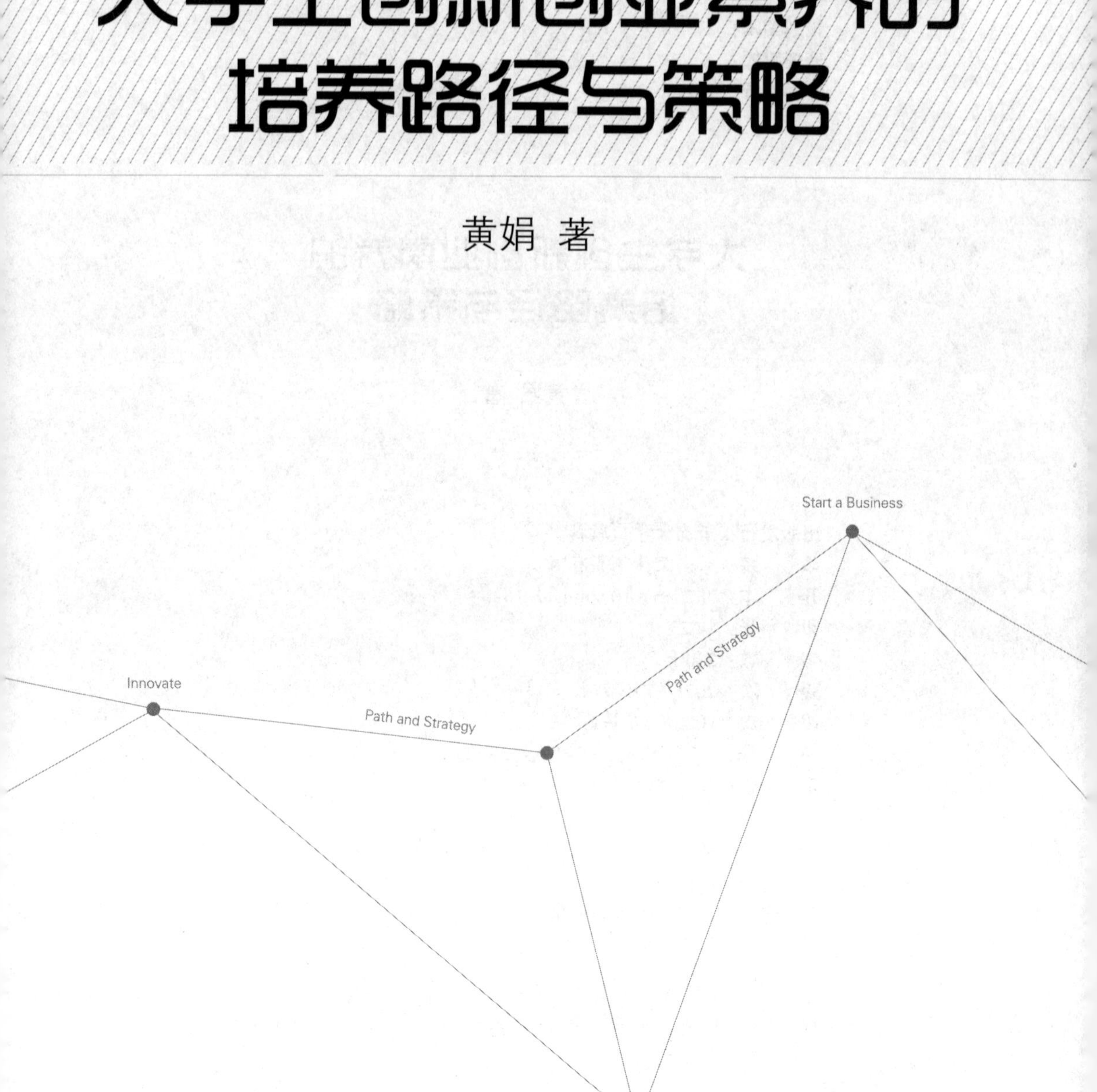

图书在版编目（CIP）数据

大学生创新创业素养的培养路径与策略 / 黄娟著
. -- 昆明 : 云南大学出版社, 2021
ISBN 978-7-5482-4321-2

Ⅰ. ①大… Ⅱ. ①黄… Ⅲ. ①大学生－创业－研究
Ⅳ. ①G647.38

中国版本图书馆CIP数据核字(2021)第120469号

策划编辑： 万 斌
责任编辑： 万 斌
封面设计： 王婳一

大学生创新创业素养的培养路径与策略

黄娟 著

出版发行： 云南大学出版社
印　　装： 云南荣德印务有限公司
开　　本： 787mm × 1092mm 1/16
印　　张： 14.75
字　　数： 250千
版　　次： 2021年7月第1版
印　　次： 2022年5月第1次印刷
书　　号： ISBN 978-7-5482-4321-2
定　　价： 68.00元

社　　址：昆明市一二一大街182号（云南大学东陆校区英华园内）
邮　　编：650091
发行电话：0871-65033244 65031071
网　　址：http://www.ynup.com
E - mail：market@ynup.com

若发现本书有印装质量问题，请与印厂联系调换，联系电话：0871-65302051。

目 录

绪　论

一、研究背景

（一）知识经济时代的客观要求

通过发展知识经济来增强我国的经济发展水平，首先要加速实现知识向产业的转化，这就需要尽可能多的创业人才。在这一方面，大学生可谓是一笔重要的人力资源。众所周知，知识经济时代是以知识的生产和应用为主导的时代，在这个时代，谁掌握了知识，谁就掌握了最有价值的资本。而大学生作为高等教育的接受者，掌握着最高级的知识，因此也就掌握了最有价值的资本，具有得天独厚的创业资源①。从这个意义上说，培养大学生的创业素养，充分挖掘他们通过创业为经济发展做贡献的潜力，是知识经济时代提高我国经济水平的必然选择。武汉大学2007届毕业生肖一阳的创业故事就是一个很好的例子。

肖一阳是武汉大学电子科学专业2007届毕业生，现为青岛成晟网络科技有限公司董事长。他一进大学就开始了自己的创业之旅。他一边在学校学习软件设计，一边广泛地接触校外的软件公司，做了一些软件设计工作。通过在多家IT公司兼职，他对此行业有了一定的认识和了解，并为自己日后创业收集了大量的一手信息。2007年7月毕业离开学校，8月注册自己的公司，不到半年时间，资金从创业初的3万元，已经增长到100万元②。而他的公司迅速发展壮大的核心竞争力，即在于他的公司提供的高科技服务。“互联网最大的特点是年轻人来为年轻人服务，因为互联网消费主力是年轻人，所以市场需要用年轻人为年轻人提供服务。”这是肖一阳对网络市场的理解。他为年轻的互联网市场提供的服务主要有两个：一是3G，即第三代移动通信技术，指将无线通信与国际互联网等多媒体通信结合的新一代移动通信系统；二是二维码技术，它比我们日常生活中的条形码更先进，容量更大。二维码和手机摄像头的配合产生了多种多样的应用，比如我们可以在自己的名片上印上二维码，别人只需用安装二维码识别软件的摄

① 姜家雄. 浅析知识经济时代创新教育的特征[J]. 云南师范大学学报，2002（03）：26－28.

② 大学生创业走进二维码业[EB/OL]. 上方网. http：//www.sfw.cn/xinwen/112409.html.

像手机轻松一拍，名片上的各种资料就能全部输入手机①。

知识经济是以现代高科技为主导的经济，其本质是创新。知识经济时代迫切需要掌握了现代化科学技术的、富有冒险和创新精神的年轻大学生来担负起创业的历史重任。作为知识生产重要源头的高等学校直接参与经济建设，培养出越来越多的不同行业的创业者已经是现实的任务。这不仅是我国现阶段经济结构调整的现实需要，而且是迎接知识经济时代挑战的需要。

（二）社会主义市场经济的需要

一种教育思想和方案的提出，特别是关于人才培养的目标和模式的确立，总是表现为教育对社会与变革的回应与选择。

在计划经济时代，由于社会组织管理的高度集权化，社会生产交换与分配过程按行政部门的指令性安排进行，人们的社会职业、角色以及社会对某一社会成员的知识结构、工作技能的要求往往是单一、固定的。与之相适应，高等教育在办学思想和人才培养目标上，强调人才的专业性和技术性②。从新中国成立到改革开放后的20世纪80年代的近40年的历史中，高等教育基本上是要把人培养成为计划经济“大机器”中的一个“不生锈”的螺丝钉。所以，对人的要求总是从“将来毕业后怎么样才好用”这一点出发。计划经济体制下人才是“一个萝卜一个坑”地按照计划需要来培养的，非常强调“专业对口”，所以，学校教育则尽可能地把某一专业有用的知识教给学生。

21世纪是我国社会主义市场经济逐步完善的历史时期。在市场经济时代，计划经济时代的这种教育模式受到了挑战。我国社会主义市场经济具有开放性、自主性、竞争性、创新性、法制性等特点。为适应这些特点，高等教育培养的人才需具有宽广的视野，擅长捕捉信息；有果断的决策能力，敢想敢干，勇于创新；有经济头脑，注重经济效益，讲究工作效率；有较强的法治观念，善于社会交往，能正确处理人际关系。这些素质的培养，正是创业教育的着力点所在。随

① 大学生创业走进二维码业［EB/OL］．上方网．http：//www. sfw. cn/xinwen/112409. html.

② 闵维方．中国的经济转型和高等教育改革［J］．中国大学教学，2005（10）：9－10.

着市场经济的发展，城乡产业结构必将根据市场的变化不断进行调整，从而带来劳动力的转移和职业岗位的转换，这就要求未来的劳动力不能仅仅是生产环节中某个单一工种的单一操作者，而是能够参与新产品的开发，新技术、新工艺的实施，并进入计划、管理、服务等环节的创新型人才。这些都要求未来的劳动者具有从业和创业的双重能力，具备多方位的职业转换能力和自主创业能力。发展社会主义市场经济，与国际市场接轨，参与国际市场竞争，更需要有一批视野开阔、知识广博、具有开创性精神和雄才大略的创业者①。这类人才的培养，在传统的教育体制和教育模式下很难完成，必须依靠创业教育这一新型的教育体系来实现。大学生创新创业素养的培养正是适应了社会主义市场经济对人才培养方面的诸多需求。

（三）高等教育改革的必然趋势

21 世纪是知识经济时代，更是创新时代，创新时代呼唤创业人才的培养。而创业人才的培养也在呼唤着我国高等教育的转型，把大学生培养成未来职业的创造者是高等教育义不容辞的责任。联合国教科文总部在《21 世纪的高等教育：展望与行动世界宣言》② 中明确提出：培养学生的创业技能应成为高等教育主要关心的问题。面对知识经济和经济全球化及我国市场经济发展的迫切需要，我国也把全面推进素质教育作为教育工作的战略重点，作为深化教育改革的中心环节。实施素质教育，就是全面贯彻党的教育方针，以提高全民素质为根本宗旨，以“培养学生的创新精神和实践能力”为重点，造就全面发展的社会主义事业建设者和接班人。由此可见，素质教育的重点是培养创新精神和实践能力，而大学生的创新精神和实践能力，实际上就是开拓事业的素质和修养，即“创业素养”③。因此，创业教育是素质教育的重要内容，而创业素养是 21 世纪大学生必

① 罗承选．培养具有独立创业者精神的高素质人才——大学面向新世纪的重要使命［J］．中国软科学，1999（12）：85－88.

② 赵中建．21 世纪世界高等教育的展望及其行动框架——'98 世界高等教育大会概述［J］．上海高教研究，1998（12）：4－11.

③ 丁金山，龚红果．对培养大学生创业素养的思考［J］．煤炭高等教育，2001（04）：38－40.

须具备的重要素养，深化教育改革必须大力推进素质教育，推进素质教育必须大力加强创业教育。

进入21世纪，我国高校持续扩招。大学毕业生人数在21世纪年年增加，高校毕业生就业形势严峻。虽然面临就业难的问题原因众多，但大学毕业生创业精神和创业能力欠缺，恐怕是导致大学生就业难非常重要的原因之一。创业的人少，提供就业的岗位就少，多数毕业生不敢创业而要充分实现就业就成问题了。因此，高校需要变革人才的培养模式和管理方式，创新教学内容和方法；需要着重培养大学生的创业素养，激发大学生的创业潜能，提升大学生的综合素质①。创业实质上是更高层次的就业，高校要通过教育让大学生变被动就业为自主创业，这样不仅让大学生实现了自身的就业，还为社会创造了更多的就业岗位。

二、研究问题

在当今时代，着力培养和提高我国高校大学生创业素养，有着深远的意义。它不仅是减轻我国高校毕业生就业压力的一个战略举措，更是振兴我国各行各业的需要，是我国参与全球经济竞争与合作的需要。高等院校作为人才培养的主力军之一，承担着各行各业人才培养和科技创新的重任。在高校大学生的生命潜能中能否具有创业素养，关系到各行各业的繁荣兴旺，关系到各行各业的创新竞争力，关系到国家民族的未来②。因此，在我国高校大力培养大学生的创新创业素养是高校真正体现办学个性特色的需要，更是大学生健康快乐成长、弘扬生命价值和意义的发展需要。

正是基于以上的分析和判断以及时代发展的需要，笔者对大学生创新创业素养的理论和实践问题进行了关注和思考。因此，本书的研究问题为：通过问卷调查解剖分析个案，用课程与教学的理论，从课程设置和教学模式革新的角度探讨促进大学生创新创业素养培养的可行性、价值和方法。

具体地说来，本研究的主要问题包括：

---

① 蒋义丹．创业教育——高校面临的新任务[J]．教育发展研究，2003（02）：87－89.

② 丁厚春．创业教育：中国高等教育的现实选择[J]．湖北经济学院学报（人文社会科学版），2006（07）：122－123.

（1）在理解和分析当前大学生创业素养内涵及其培养现状的基础上，论述构建促进大学生创业素养培养的课程设置和教学模式的必然性和可能性。

（2）以“江西师范大学学生创新创业素养情况”为研究个案，分析大学生创新创业素养培养的情况；针对大学生创新创业素养培养情况，以“北部湾大学（原钦州学院）人才培养改革模式”为探究范例，探究高校职业生涯服务体系建设对大学生创新创业素养培养的价值。

（3）在个案研究和范例探究的基础上，从课程设置和教学模式变革的角度，思考大学生创新创业素养培养的理论与方法。

三、研究方案

（一）研究目标

对创业素养的概念及其本质特征进行理论分析，力图有更准确的把握；对大学生创新创业素养的情况进行调查研究，使本书的研究更有针对性和真实性；对大学生创新创业素养的培养策略进行探讨，以求具有时代新颖性和现实参考指导意义。

（二）研究思路

本书的研究思路是：首先，从国内外经济发展以及教育教学领域对大学生创新创业素养培养的要求出发，提出研究问题。其次，通过调查问卷分析大学生创新创业素养的情况并选择一个旨在培养大学生创新创业素养的探究范例作为研究范本，在对个案进行完整描述的基础上，解读其中所蕴含的创新创业素养培养理论和作用机制。最后，从课程设置与教学模式改革的角度，论述大学生创新创业素养培养的策略和建议。

（三）研究方法

本书采用多种研究方法，具体研究方法包括：

（1）文献研究法：收集了有关创新创业教育和创新创业素养方面的专著20多本，学术论文200多篇。并在学习和研究的基础上进行了分析研究和概括总结。

（2）问卷调查法：通过对江西师范大学学生的创新创业素养进行问卷调查，了解当代大学生创新创业素养的情况和特点，分析大学生创新创业素养培养存在的问题及成因，从中找出大学生创新创业素养培养的普遍性规律和个性特点，从而有针对性地提出大学生创新创业素养培养策略。通过对钦州学院（现为北部湾大学）工科专业毕业生就业质量状况进行问卷调查，了解当代大学生的就业质量状况，分析高校职业发展与就业指导服务的重要意义。

（3）案例分析法：通过对北部湾大学“到校外”高质量职业生涯服务体系进行分析及研究，探究课程设置与教学模式改革对大学生创新创业素养培养的作用机制，提出大学生创新创业素养的培养策略。

（四）研究情况

1. 国外研究情况

以 Google 搜索引擎为例，笔者依次输入关键词“Enterprise Education”“Entrepreneurial Accomplishments”“College Students”“Training Strategies”。得到的相关检索结果见表绪 -1。

表绪 -1　Google 搜索引擎相关检索结果

关键词	Google 搜索引擎结果
Enterprise Education	23 100 000 项
Entrepreneurial Accomplishments	71 800 项
College Students	44 100 项
Training Strategies	33 300 项

在联合国教科文组织的文件和出版物中，以“Enterprise Education”为关键词，搜索出与此相关的文件和出版物共 163 项。

综观这些资料，主要得出了以下结果：

（1）创业教育在美国、澳大利亚等国家已经形成了比较完善的教学模式和稳定的专家研究队伍，并取得了显著的教育和研究成果；日本和印度也较早形成了本国特色的创业教育理念和模式[①]。在美国，从1995年以来，每年都有100多万个新公司成立，也就是平均大约每250个美国公民有一个公司。

（2）联合国教科文组织在推进创业教育的过程中做出了重要贡献。1988年10月5日—9日，联合国教科文总部召开了自该组织成立以来首次有115位教育部部长、2800多名高等学校校长及教育专家参加的世界高等教育会议，大会发表的《高等教育改革和发展的优先行动框架》[②]强调指出"高等学校必须将创业技能和创业精神作为高等教育的基本目标"。1998年10月联合国教科文总部召开的"世界高等教育会议"发表了《21世纪的高等教育：展望与行动世界宣言》[③]，明确指出："为方便毕业生就业，高等教育应主要关心、培养学生的创业技能和主动精神。毕业生不仅成为求职者，而且要逐步成为职业岗位的创造者。"从此以后，国外高校更加重视创业教育，重视对大学生创业素养的培养，纷纷开设大学生创业管理教育有关的课程，不少高校还设立创业学首席教授职位和成立创业活动中心等研究机构来实施创业教育，培养大学生创业素养，而且颇具规模。有的高校甚至专注于创业领域的研究和教学，作为发展的策略重心与竞争优势来源，以求在新经济的趋势下，及早站稳制高点。著名的哈佛大学商学院将大学生必修的"一般管理学"改为"创业管理学"，到2001年为止，开设了创业课程15门；芝加哥大学共开设23门；斯坦福大学共开设17门；加州大学洛杉矶分校的创业相关课程已达到28门。在美国，能够提供至少一门创业教育课程的大学和学院从1970年的16所增加到1995年的400所，至少有50所大学在创业领域提供四门以上的课程，以便学生选择方向、专业和学业。在许多一流大学的商学院，创业学已经成为工商管理硕士的主修或辅修专业，有不少大学从20

---

① Cathy Ashmore. Entrepreneurship Everywhere：A Guide to Resources and Models for Entrepreneurship Education［EB/OL］. http：//www. entre-ed. org.

② 赵中建.21世纪世界高等教育的展望及其行动框架——'98世界高等教育大会概述［J］.上海高教研究，1998（12）：4－11.

③ 赵中建.21世纪世界高等教育的展望及其行动框架——'98世界高等教育大会概述［J］.上海高教研究，1998（12）：4－11.

世纪 90 年代中期就已经开始培养创业学方向的工商管理博士①。在欧洲、日本、印度、韩国以及我国的台湾、香港等地的许多高校也纷纷开设了创业管理教育课，大力培养大学生的创业素养，寄希望于新一波的全球创业浪潮，为青年学子赢得创业的先机。

(3) 国外高校不仅为大学生开设创业教育管理有关课程，还大力支持大学生开展创业实践活动。一个很重要的实践活动就是定期举办大学生创业（或商业）计划大赛。国外大学生创业计划大赛最早起源于美国，1983 年美国得克萨斯大学奥斯汀分校举办了首届商业计划大赛，从此以后，世界有 20 多所著名大学每年都举办这样的竞赛，许多大公司像著名的 Yahoo、Excite、Netscape 等公司就是在斯坦福校园里的创业氛围中诞生的②。麻省理工学院的"五万美金商业计划竞赛"几乎每年都要催生五六家新企业，并且有相当数量的创业计划被高新技术企业以百万美金买走。据麻省理工学院 1999 年的一项统计，自 1990 年以来，该校毕业生和教师平均每年创办 150 家新公司，仅 1994 年这些公司就雇佣 110 万人，销售额达到 2320 亿美元，对美国经济发展做出了重要贡献。美国的硅谷地区创业的成功正是得益于大批有科研意识和创新意识的大学生的创业实践。欧洲等地的发达国家都十分重视创业教育，培养学生的创业素养。在丹麦，职业学校不仅建有模拟公司，在全国还有一个模拟中心，为所有的模拟公司提供商贸活动支持。1993 年 11 月，欧洲为了支持创业教育，还建立了"欧洲模拟公司"网络。据不完全统计，到 1998 年，模拟公司已经遍布欧、美、非、澳几个洲的 30 个国家，总共建有模拟公司 2775 家。德国在 2000 年明确提出，在之后的 5 ~ 10 年中，每届大学生要有 20% ~30% 的人创业③。

2. 国内研究情况

笔者在中国学术期刊网上对 1999 年至 2007 年相关中文文献进行检索。检索

---

① 张琳琳，张桂春．美国创业教育的经验及启示[J]．中国职业技术教育，2004 (02)：58 – 59.

② Donald F Kuratko. The Emergence of Entrepreneurship Education: Development, Trends, and Challenges [J] . Entrepreneurship: Theory and Practice, 2005 (30) .

③ 牛长松．美国创业教育的发展历程及启示[J]．职业技术教育，2007，28 (01)：88 – 91.

结果见表绪－2。

表绪－2　中国学术期刊网相关中文文献检索结果（1999—2007年）

关键词	中国期刊全文数据库	中国优秀硕博论文数据库
创业教育	1541篇	38篇
创业素养	9篇	无相关记录
大学生＋创业素养	6篇	无相关记录
大学生＋创业素养＋培养策略	无相关记录	无相关记录

综观这些资料，主要得出了以下结果：

（1）我国创业教育理论研究起步较晚，开始于20世纪90年代初期。1990年，作为“提高青少年创业能力的教育联合革新项目”国家，由国家教育委员会基础教育司劳动技术处牵头，成立了该项目的国家协调组进行创业教育的实验和研究。项目取得的研究成果主要有《关于创业教育的若干问题》《创业教育的目标、课程与评价》《继续教育领域实施创业教育项目研究报告》《农村教育综合改革与创业教育》《素质教育与创业教育》《创业教育系列丛书》等。以上研究成果分别对创业教育的目标与课程设置、继续教育领域实施创业教育、农村教育综合改革与创业教育、素质教育与创业教育、创业教育实验等问题进行了有价值的探索，总结和反映了创业教育实践过程中的主要理论问题，并为创业教育学的诞生奠定了良好基础。

（2）随着社会各界对创业教育的不断关注，我国高校开始了大学生创业教育理论的研究，对高校大学生创业实践活动也加大了力度。1999年，由共青团中央、中国科协、全国学联主办，清华大学承办的首届“挑战杯”中国大学生创业计划竞赛汇集了全国120余所高校的近400件作品，在全国高校中掀起了一轮大学生创业热潮①。2000年初，复旦大学成立了创业中心。2000年1月，我国

① 丁三青．中国需要真正的创业教育——基于“挑战杯”全国大学生创业计划竞赛的分析[J]．高等教育研究，2007（03）：87－94.

教育部公布政策，大学生可以休学保留学籍创业。2001 年 4 月，在天津召开了“21 世纪培养职业学校学生创新创业能力国际研讨会”，会议强调，重要的是转变观念、去尝试、去实践。2002 年 4 月，教育部高教司在北京召开了普通高等学校创业教育试点工作座谈会，这次会议重点讨论了高校实施创业教育的重要性和迫切性，明确指出，对大学生进行创业教育，培养具有创业精神、创业能力的高素质人才是当前高等院校的重要任务。在会上还确定了九所高校即中国人民大学、清华大学、北京航空航天大学、黑龙江大学、上海交大、南京经济学院、武汉大学、西安交大、西北工业大学作为创业教育试点院校。在这种形势下，不少高校纷纷制定大学生创业的有关政策，积极鼓励大学生创业，并加强大学生创业教育，开设创业教育课，出版创业教育相关教材，还建立大学创业园区，大力推动高新技术产业的发展。清华大学率先成立清华科技园，浙江大学校企携手共同打造创业基地，上海交大投入 8000 多万元建立若干个实验中心和创新基地，创业基金总额达 1.5 亿元，北京航空航天大学设立 300 万元的创业基金，对大学生的创业计划书评估后进行种子期融资，复旦大学、同济大学等都设立了上千万乃至上亿元的创业投资基金。

（3）我国大学生正处于激情澎湃、勇于创业的年代。1999 年，清华大学 4 名大学生创办了北京视美乐科技发展有限公司；1999 年，清华大学学生鲁军、刘颖等同学，休学创立易得方舟（FANSO）信息技术有限公司；1999 年，清华大学自动化系硕士研究生姜晓丹毕业后创立北京慧点科技开发有限公司；1999 年，四川大学学生王汝聪创办了成都亚虎网络公司；2000 年，清华大学学生创业人数占清华学生总数的 2%，上半年创业公司的总价值已超过 2 亿元；2000 年，浙江大学生命科学学院大四学生田宁创立盘石计算机网络有限公司；2000 年，南京中医药大学董洪涛等 7 名学生创立南京博德嘉科技有限公司……然而，在我国高校大学生轰轰烈烈的创业活动中，许多在校大学生创办的公司一年后大多步履维艰。《中国青年报》在 2000 年 8 月 12 日—13 日和 10 月 31 日分别发表了几篇文章：“创业公司为什么‘停摆’”“创业学生　困在何处”“易得方舟：调头还是沉没”，《科技日报》在 2001 年 2 月 15 日也刊登了一篇文章：“单翼的飞翔——大学生创业现象透视”。据调查，本科学生创业成功的不到 1%，研究生成功率也仅为5%左右。在这种情况下，“高校大学生创业究竟如何走?”一时成为高校颇感困惑的难题，甚至一些高校教师对大学生创业持反对意见。

(4) 我国的创业类型以生存型为主，而不是机会型。参与创业活动的创业者绝大多数受过初等以上的教育，但随着文化程度的提高，参与创业活动的人数呈下降趋势。中国的创业机会很多，但国民创业素养不高。我国在创业环境中的弱势方向很多，在金融支持、政府政策（政府直接支持、中央政策的创业政策、新企业审批)、政府项目（政策项目中的服务型组织)、研究开发转移（研究开发转移的条件、知识产权保护)、商务环境（商务环境中为创业企业提供的金融和非金融服务）和文化与社会规范（社会文化中个人与集体的责任关系）等方面均处劣势。

由此可见，目前在我国创业素养的理论研究和实践总结都还不够。理论上，对于创业素养的基本概念、创业素养的能力构成、创业素养的培养等问题还有待于进一步探索和研究。实践上，我国的高校大学生创业素养的培养和大学生创业活动仍处于初级阶段。社会氛围上，缺乏有利于引导学生创业的社会舆论，更谈不上鼓励更多人走入创业行列的社会主体价值观念的形成。可见，中国创业素养培养的实践探索、理论研究以及政策推动远远不能满足现实发展的需要。因此，高校更应关注大学生生活中的创业现象。通过创业教育，培养大学生的创业素养，激发大学生的生命潜能，引导和帮助大学生走上成功创业人生之路。

第一章

理论分析：概念描述与理论基础

第一节　概念描述

1989年11月底到12月初在北京召开的“面向21世纪教育国际研讨会”[①]上，针对未来人才素质，彼得·埃利雅德（Peter Aailiyade）博士介绍了经济合作与发展组织的教育研究与革新中心关于“三本教育护照”的讨论情况，引起了与会代表和观察员的浓厚兴趣，并最终写进了会议报告。这一概念是一位叫柯林·博尔（Colin Bor）的学者在1988年向经济合作与发展组织提交的一篇论文中提出的，并引起了热烈讨论。他认为，未来的人都应学习和掌握三本“教育护照”，一本是学术性的，一本是职业性的，“第三本护照”则是证明一个人的事业心和开拓能力的。会上还指出：“要求把事业心和开拓技能教育提高到目前学术性和职业性教育护照所享有的同等地位。事业心和开拓技能教育要求培养思维、规划、合作、交流、组织、解决问题、跟踪和评估的能力。”1989年12月中旬，联合国教科文组织亚太地区办事处在泰国曼谷召开了“提高儿童青年创业能力的革新教育规划会议”。会议报告提出了创业能力的概念和开发创业能力的策略，并制定了实施这一项目的地区行动计划。1991年1月，亚太地区办事处在日本东京召开了“提高儿童、青年创业能力与革新教育”研讨会。会上进一步对创业的概念进行了界定，提出了现行课程中渗透创业能力教育的课程模式和文化合作模式[②]。

一、创　业

（一）创业的定义

关于创业的定义有很多，上海辞书出版社出版的《辞海》定义为：“创业，

---

① 王一兵．学会关心：21世纪的教育——圆桌会议报告[J]．教育研究，1990（07）．

② 王琳媛．知识经济中我国高校创业教育研究[D]．上海：上海交通大学，2007.

创立基业”。《孟子·梁惠王下》有：“君子创业垂统，为可继也”。诸葛亮《出师表》曰：“先帝创业未半而中道崩殂”。这里所谓的“基业”是指广义的“事业的基础、根基”，既可以是“帝王之业”“霸王之业”，也可以是百姓的家业和家产。“创业”即指开拓、草创新的业绩，恰好与“守成”相对应，“守成”是指保持前人已有的成就和业绩。

从“创业”这个概念的汉语使用方法来看，一般用于以下三种状况：强调开端和草创的艰辛和困难；突出过程的开拓和创新意义；侧重于在前人的基础上有新的成就和贡献。而对“业”的范围没有什么限制。这样，各种主体、各行各业都可以在最一般的、普遍的意义上使用这个概念。

理论界对“创业”这一概念具有代表性表述的有：

（1）罗伯特·荣斯戴特（Robert C. Ronstadt）认为，创业是一个创造增长的财富的动态过程①。

（2）霍华德·H. 斯蒂文森（Howard H. Stevenson）认为，创业是一个人——不管是独立的还是在一个组织内部——追踪和捕获机会的过程，这一过程与其当时控制的资源无关。并进一步指出：“创业可由六个方面的企业经营活动来理解：发现机会、战略导向、致力于机会、资源配置过程、资源控制的概念、管理的概念和回报政策。”②

（3）杰弗里·A. 蒂蒙斯（Jeffery A. Timmons）认为，“创业是一种思考、推理的行为方式，这种行为方式是机会驱动、注重方法和与领导相平衡。创业导致价值的产生、增加、实现和更新，不只是为所有者，也为所有的参与者和利益相关者。”③

（4）郁义鸿等人认为，创业是一个发现和捕获机会并由此创造出新颖的产品、服务，实现其潜在价值的过程④。

---

① Robert C Ronstadt. Entrepreneurship［J］. Lord Publishing Co.，1984：28.

② Howard H Stevenson，J Carlos Jarillo. A Paradigm of Entrepreneurship：Entrepreneurial Management［J］. Strategic Management Journal，1990（11）：17－27.

③ Jeffery A Timmons，Stephen Spinelli. New Venture Creation［M］. McGraw Hill Higher Education，1999：3.

④ 李志能，郁义鸿，Robert D Hisrich. 创业学［M］. 上海：复旦大学出版社，2000：9.

（5）宋克勤认为，创业是创业者通过发现和识别商业机会，组织各种资源提供产品和服务，以创造价值的过程①。

笔者倾向的观点是：创业是一个发现和捕获机会并由此创造出新颖的产品或服务和实现其潜在价值的过程。创业必须要贡献出时间和付出努力，承担相应的财务的、精神的和社会的风险，并获得金钱的回报、个人的满足和独立自主。

（二）创业的核心要素②

从整体上看，创业的核心要素包括创业者、商业机会、组织、资源。

创业者是创业的主体，承担个人钱财、声誉以及放弃其他工作机会等风险从事创业活动，在创业过程中起着关键的推动和领导作用，包括商业机会的识别和把握、企业组织的创立、融资、产品创新、资源获取和有效配置及运用、市场开拓，等等。创业者的素质和经验直接决定创业的成功与失败。风险投资家选择投资项目时，首先评价的要素就是创业者及其组建的团队，然后才是技术先进性、产品独特性和市场潜力以及盈利前景等因素。

商业机会是当前服务于市场的企业留下的市场缺口，意味着顾客能得到比当前更好的产品和服务的潜力。可以说，商业机会就是创业机会。创业是市场驱动的，没有被满足的市场需求，就是商机。利用商机，是创业者进行创业的主要驱动力量。利用商业机会将其转化为价值的过程就是创业的过程。商业机会具有可利用性、永恒性和适时性三个特点。可利用性指创业者可以利用它为他人和自己谋取利益，体现在为购买者、最终使用者创造和增加价值的产品或服务以及赚取利润上；永恒性指机会永远存在，变化的环境、经济转型、市场机制的不断完善、信息不对称、市场空间等随时孕育着无限的商机，在于创业者的挖掘和把握；适时性指一个机会转瞬即逝，如果不及时抓住，失去将不复返。可以说，及时发现、识别和抓住有价值的创业机会，是成功创业的第一步。

组织是协调创业活动的系统，是创业的载体。离开组织，创业活动无法协调、创业资源无法整合、创业者的意图无法贯彻和落实，创业也就无从谈起。创

① 宋克勤．创业成功学［M］．北京：经济管理出版社，2002：4.

② 赵冰梅，刘伟力．现代企业管理教程［M］．北京：航空工业出版社，2008.

业型组织是以创业者为核心形成的关系网络，不仅包括企业内部员工，还包括企业以外的组织和个人，如顾客、供应商和投资者等。组建富有战斗力的企业团队，营造与顾客、供应商、投资者等和谐信任、多赢的生存环境，是企业得以生存和发展的必备条件。

资源是组织中各种投入，包括人、财、物。既包括厂房、机器等有形资产，也包括品牌、专利、企业声誉等无形资产。创业就是创业者有效吸引和利用这些资源，将其转化为市场需要的产品和服务，实现商业机会的价值。创业的过程就是不断地投入资源和连续提供产品与服务的过程。以最小的资源投入，获得最大的产出，使企业具有竞争力并盈利，是衡量创业活动成功的主要标准。

二、创业教育

（一）创业教育的内涵

创业教育，即英文“Enterprise Education”的中文表达，其意思是：进行从事事业、企业、商业等规划、活动、过程的教育；进行事业心、进取心、探索精神、开拓精神、冒险精神等心理品质的教育。毫无疑问，进行从事某项事业、企业、商业规划和活动的教育，从广泛意义上看，必然包含了进行事业心、进取心、开拓精神、冒险精神等的教育；而从狭义上看，则主要指形成和培养从事某项事业、企业、商业规划和活动的知识、技能和能力[①]。

“创业教育”最早由联合国教科文组织于1989年在北京召开的“面向21世纪教育国际研讨会”上提出。经济合作与发展组织的专家柯林·博尔将创业教育总结为：创业教育是指通过开发和提高学生创业基本素质和创业能力的教育，使学生具备从事创业实践活动所必需的知识、能力及心理品质，是未来的人应掌握的“第三本护照”[②]。之后，我国学者针对创业教育的内涵也提出了各自不同的观点，虽然观点表述有所差异，但都强调了创业素质、创业能力以及创业精神的培养。笔者认为，创业教育是指通过课堂创业理论指导和课外创业实践服务等方

① 罗兆立．创业教育探析[J]．科技创业月刊，2006（12）：61－62.

② 徐华平．试论我国高校的创业教育[J]．中国高教研究，2004（02）：74－75.

式，培养学生的创业意识、创业精神、创业素质和创业能力等创业素养的一种教育。

（二）开展创业教育的目的

从科学属性上看，创业教育实际上是大学生全面素质教育的一部分，它不同于知识教育和能力教育，而是两者兼而有之的素质教育，同时创业教育也是一种使人的素质不断提高、不断深化的终身教育。

创业教育是深入和具体化的大学生素质教育和创新教育。素质教育是以提高全体国民素质为目标，以促进全面发展为宗旨，以育人为根本，以因材施教为方法的一种现代思想、现代教育模式。它的内涵是面向全体学生，全面提高学生的基本素质，培养学生的创新精神和实践能力[①]。“素质”的要旨包括两点：一是必要的知识和能力；二是使它们更好地发挥作用的东西——做人的本领。创业需要综合素质，特别需要高素质的人才，因此，创业教育是建立在素质教育基础上的新型人才培养模式。创新教育是以培养学生创新精神和创新能力为基本价值取向的教育，相对于素质教育而言，创新教育是高层次的素质教育。

可以这样说，创新是建立在创造结果的基础上，并以此为依据对某一具体认知领域的再认识和再发现的过程[②]，创业则是在创新的基础上，把创新应用于技术、制度、管理等方面。因此，创业教育建立在素质教育和创新教育的基础之上，它和素质教育、创新教育的内容和方向是基本一致的。但创业教育又不止于素质教育和创新教育，创业者不仅要具有科学家、发明家的基本素质，而且要具有社会活动家的基本素质。创业需要一个人各方面综合素质的全面完善。进行创业教育，实际上就是把素质教育、创新教育推向深入、推向具体的一种教育模式和教育方法。

创新教育是以培养学生创新精神和创新能力为基本价值取向的教育，其目的是培养和造就高素质的创造性人才，以适应社会发展的需要[③]。创业教育主要是

① 钟志贤．深呼吸：素质教育进行时[M]．北京：教育科学出版社，2003：24.

② 孙宏安．自主学习的理论与实践[M]．北京：开明出版社，2003.

③ 王征．培养学生创新能力初探[J]．文教资料，2007（25）：151－152.

培养学生科学的创业意识，正确选择创业目标，全面提高创业素养。创业不仅涉及人与自然的关系，更涉及人与社会、人与人之间的关系。因此，具有创业能力的人，不仅要具备科学头脑、经济头脑，还要善于管理、善于协调处理各方面的关系，并能用法律、法规和政策来规范自己的行为和保护自己的合法权益。也就是说，创业教育比创新教育的内容更为丰富。

创业教育是一种使人的素质不断提高，不断深化的终身教育。创业教育并不是让所有的受教育者都成为企业经营者，它的着眼点在于培养全体受教育者的创业精神和社会责任感，提高他们的开拓能力，使受教育者终身受益，这一点与终身教育的特征有异曲同工之处，也就是说创业教育是一种使人的素质不断提高、不断深化的终身教育。创业教育的落脚点是社会实践性，创业教育的基本内容决定了创业教育除了要使受教育者形成良好的心理素质和个性特征以外，还要使之具有较强的实际工作能力和动手操作能力，使之成为未来社会的强者和创造者。从这个意义上说，创业教育的功能就是使人们具备终身发展能力，使其学会学习、学会做事、学会合作、学会生存，所以说创业教育是人的终身教育。

（三）创业教育的目标

创业教育的目标在于：培养具有创业意识、创业精神和创业能力的开创型人才[①]。长期以来，我国高等教育比较重视知识的掌握和技能的训练，强调人才对现实社会环境的被动适应，这种适应要求学生对外部环境做出削足适履的自我调整，很少考虑人才对社会环境主动适应的问题，即充分发挥人的主观能动性和创造潜能，对社会环境加以改造与斧正。应该承认，这种人才观在劳动力供不应求的社会条件下，对维护社会的稳定、促进社会的发展是有益的；然而，一旦劳动力供过于求，它的优越性就难以凸现，对社会的稳定与发展有可能起到阻碍甚至破坏作用。创业教育反对传统的压抑个性的教育理念、教育模式和教育方法，要求学校和教师在教育过程中特别注重对学生创新意识和创新能力的培养，要让学生能够充分展示自己的个性和能力，独立自主地发现问题、思考问题和解决问

① 徐铁辉．高校创业教育的内涵、目标与特点探析[J]．益阳职业技术学院学报，2006(04)：60－61.

题，以便使学生在毕业以后更容易地融入社会，开创自己的事业。

（四）创业教育的意义

2015年，《国务院关于进一步做好新形势下就业创业工作的意见》（国发〔2015〕23号）中提出："就业总量压力依然存在，结构性矛盾更加凸显……必须着力培育大众创业、万众创新的新引擎，实施更加积极的就业政策，把创业和就业结合起来，以创业创新带动就业。"① 由此可见，鼓励创业已上升为国家战略，关系新常态整个国民经济发展和社会稳定。高等学校作为培养创新创业人才的主阵地，担负着实现"大众创业、万众创新"的重要历史使命。创业教育作为高等教育的重要组成部分具有举足轻重的作用，具体说来，创业教育的意义主要体现在以下两个方面：

第一，培养学生树立创业意识，以意识引领行动，提高创业素养。马克思主义哲学认为：物质决定意识，意识对物质具有反作用。创业意识的树立，对提升大学生的创业素养具有关键意义。创业教育的目标是培养学生的创新精神与创业能力，而这一教育目标实现的首要因素就是创业意识的培养。兴趣是最好的老师，当有了兴趣，有了意识，行动也就随之而来。因此，通过创业教育培养学生的创业意识以及提高学生的创业素养，对高等学校教育实现培养创新创业人才具有重要作用。

第二，引导学生走向创业之路，以创业带动就业，缓解就业压力。自高等学校扩招以来，就业压力逐年增大。在就业形势严峻的情况下，创业已然成为高校毕业生实现就业的一个新渠道。但现状是高校毕业生的创业率极低。创业教育的目标是培养学生的创业素养，其终极目标则是引导学生走向创业之路，为社会创造更多的就业岗位，缓解就业压力，促进经济发展，实现社会稳定。

三、创业素养

创业素养是创业素质与修养的内在统一，是创业教育的重要内容。1994年，

① 国务院.《国务院关于进一步做好新形势下就业创业工作的意见》［EB/OL］.http://www.gov.cn/zhengce/content/2015-05/01/content_9688.htm.

联合国教科文组织在泰国曼谷召开了有关创业和创业教育的专题会议，发表了题为《培养创业精神》① 的报告。该报告将一个人的创业素养概括为四大能力共22个要素/指标（如表1-1所示）。

表1-1　创业素养的能力结构（UNESCO，1994）②

四大方面	要素/指标	内涵
1. 启动能力（Triggering for Action Proficiency）	1. 自我概念（Self Concept）	积极地认识自我，把握自己的命运
	2. 敏感性（Awareness）	实际感受周围的环境特点，采取相应的行动
	3. 有雄心（Ambition）	渴望实现某一目标，以顺应或挑战现行规则的方式做事
	4. 首创性（Initiative）	超越常规，采取行动
	5. 承担风险（Risk-taking）	在预期结果不确定的情况下，权衡利弊，做好抉择
	6. 灵活性（Flexibility）	顺势而变，相机行事，调整或适应变化的情境
	7. 毅力（Perseverance）	坚持不懈，努力克服目标实现过程中的种种困难
	8. 自始至终（Follow-through）	做事不半途而废
	9. 自律（Discipline）	坚守做人做事的原则
2. 强化能力（Empowering for Action Proficiency）	10. 信息能力（Information Seeking）	搜寻信息或对自己有特别帮助的建议
	11. 职业技能（Occupational Skills）	完成某一类型工作的必要技能和专长
	12. 社交技能（Social Skills）	与他人和谐相交并相处
	13. 管理技能（Operational/Managing the Tasks）	能做好任务管理

① UNESCO Principal Regional Office for Asia and the Pacific［EB/OL］，1994：44－48. http：//unesdoc. unesco. org/images/0011/001119/111909e. pdf.

② 钟志贤．大学教学模式革新：教学设计视域［M］．北京：教育科学出版社，2008：41.

续 表

四大方面	要素/指标	内涵
3. 持续能力(Sustaining Action Proficiency)	14. 善待成功（Coping with Success）	对成功保持平常心，不忘乎所以
	15. 善待失败（Coping with Failure）	坦然接受失败，重新确定目标
	16. 合乎道德（Moral and Social）	个人的成功与社会利益相统一
4. 实施能力(Operations for Action Proficiency)	17. 预见（Hunch）	直觉地做出决策
	18. 识见（Recognizing）	把握与行动相关的各种机会
	19. 计划（Planning）	制订合理有序的、实现某一目标的计划，制订清晰具体的短、中、长期目标
	20. 执行（Executing）	实施计划（执行力）
	21. 评价（Evaluating）	监控行动的进展、达成目标的水准和绩效的质量
	22. 反馈（Feedback）	吸纳、利用相关建议和批评，持续改善行动计划、过程和质量

在论述创业素养中，《培养创业精神》报告特别强调了创业者的社会和道德责任素质。从一定意义上说，创业能力是一个超越道德的、中性的概念。但现实中，我们常常看到不少罪犯和有反社会倾向的人也具有很好的创业能力。因此，创业能力是一种能影响社会进步的强大力量。学校教育和相关组织机构在思考和实施创业教育过程中，必须要有意识地强调创业者的社会和道德责任，以使其创业能力与人类社会的进步相一致，给人类带来的是福祉，而不是灾难。

创业素养呼唤创业教育。考察目前国际上的创业教育走势，创业教育的目的不仅仅限于使学生掌握劳动谋生的技能，更重要的是为未来培养具有创业精神的公民和塑造创业文化。而且，创业教育并不限于特定的年龄阶段、学科领域和学习时限或者特定的群体，而是贯穿于整个教育领域，面向所有的学生。创业教育的宗旨是改善人的生活质量，培养自主自立、意志坚定、创造革新和自信自强的人。

第二节　理论基础

一、素质教育理论

素质教育是根据时代社会发展和人的发展需要，以全面提高全体学生的基本素质为根本目的，以弘扬学生的主体性为主要运作精神，注重潜能开发和健全个性发展，注重培养创新和实践能力为根据特征的教育。素质教育的五个基本特征是：全体性、全面性、主体性、发展性和开放性①。

全体性是指必须使每个学生在原有的基础上都能得到应有的发展，并在社会所需求的基本素质方面达到规定的标准。全面性是指受教育者的自然素质、心理素质和社会素质等三方面的素质应当得到全面和谐的发展，既要重“认知过程”的教育，又要重“情感过程”的熏陶，并应特别重视基础性和整体性的培养。主体性是素质教育的主要运作精神，要求尊重学生在教学过程中的主体地位和作用，尊重学生的独立人格和独特的品质；善于激发和调动学生的积极性。发展性要求同时注重学生知识和技能的掌握以及学生潜能、创新、实践能力和个性的发展，创造各种条件引发学生创造力和潜能的开发，使每个学生都有机会在其天赋所及的领域最充分地发展自己的才能。开放性是指拓展宽广的教育空间和多样化的教育渠道，突破校内、课内和书本内的局限，建立学校教育、家庭教育和社会教育三者相结合的教育网络。

创业素养是创业素质与修养的内在统一，是创业教育的培养核心和目标，亦是素质教育的培养内容和方向之一。创业素养是创业应具备的思想素质、心理素质和能力素质，主要包括创业意识、创业精神和创业能力等。而高校实施素质教育的根

① 钟志贤．深呼吸：素质教育进行时[M]．北京：教育科学出版社，2003：24－30.

本是鼓励创新、重视实践，创业教育是培养大学生创业素养的主要途径，创业素养的培养又是素质教育的重要组成和核心内容。高校创新人才的培养呼唤创新教育，培养大批21世纪需要的具有创业能力的创新人才是素质教育的最终目的。

二、创业教育理论

创业教育是以充分挖掘学生潜能，开发学生的创业基本素质，培养学生的创业综合能力为目标的教育。在高校开展创业教育，就是要培养学生较强的创业意识和创业基本品质，在掌握和形成专业基础知识和专业技能的基础上具备高层次的创业知识和能力，尤其是综合性知识和能力；形成稳固而全面的创业基本素质；形成开创性的个性，使学生具有较强的社会适应能力和广泛的竞争能力，发展潜力和后劲很大①。

创业教育的具体内容包括四个方面的要素：第一，树立创业意识。创业意识是创业能力形成的动因，它由创业需要、动机、兴趣、理想、世界观等几个方面组成，是人们从事创业活动的强大内驱力。凡成功的创业都建立在社会道德感、社会责任感的基础之上，因此创业意识的培养不局限于创业的自我意识的培养，更要培养创业的社会意识。也就是说，要结合社会发展的需要，根据学生的自身条件和个人兴趣，培养他们的创业自我意识和社会意识。要使他们学会将自己的需要、兴趣同社会的需要结合在一起，树立起为社会做贡献的远大职业理想和宏伟志向，只有这样才能善于发现和把握创业的机遇。第二，创业能力的培养。创业能力是培养学生进行创业所应具备的知识和能力。它包括专业能力、方法能力和社会能力三大类。创业能力的形成需要创业者具有较高的智商和情商，是一种高层次的综合能力。专业能力是创业能力中最基本的能力，是人们从事某一特定职业所必需的本领。只有具备一定的专业能力才能从事该专业的创业实践活动。这种专业能力包括创办企业中主要职业岗位的必备从业能力；接受和理解与新办企业经营管理方向有关的新技术的能力以及把环保、质量经济等知识和法律、法

① 李时椿，常建坤，杨怡．大学生创业与高等院校创业教育［M］．北京：国防工业出版社，2004.

规运用于本行业实际的能力。方法能力是创业的基础能力，是指创业者在创业过程中所需要的工作方法，如接受和处理事物的能力、捕捉商机的能力、分析决策的能力、创新能力、理财的能力等。社会能力是创业的过程中所需要的行为能力，主要指与非智力因素有关的能力，如人际交往、合作、自我约束、适应变化和承受挫折的能力等。第三，创业心理品质的培养。创业是艰苦的，中间会遇到各种各样的困难、挫折，甚至有失败的可能，所以学生在创业过程中必须拥有良好的创业心理。创业心理品质主要由意志和情感组成，包括独立性、敢为性、适应性、合作性和健康情感等。在培训中应注重意志力和情感调节方面的培养。根据学生的不同特点，帮助他们正确了解自己，正确认识社会，认识到创业的艰难，形成吃苦耐劳、谦虚宽容、坚忍不拔的创业心理，以提高其对市场变化的心理应变能力，这是决定创业成功的必不可少的心理力量。第四，构建创业综合知识网络。创业活动涉及方方面面，譬如涉及法律法规、职业道德等方面的知识，还要受到工商、税务、金融、保险、环保等诸方面因素的影响，因此需要向学生传授和创业有关的社会综合知识，让他们有所了解，这也应是创业能力培养的一个重要方面①。

三、课程设置理论

课程是大学教育教学工作的核心。人才培养目标的确定是课程选择的基础；而课程设置又是实现人才培养目标的途径和手段。学校教学内容中最根本的问题是课程设置。课程设置是指各级各类学校为实现人才培养目标而规定的教学科目及其目的、内容、范围、分量和进程的总和。它总是在一定的课程论指导下进行的。课程论就是研究学校课程设置体系和内容结构的理论。课程论自 20 世纪中叶成为 门独立学科以来，发展非常迅速，各种各样的课程流派不胜枚举，各种理论主张异彩纷呈。颇具代表性的课程论有以下几种，它们对世界各国大学的课程设置产生了深远影响②。

① 焦方红，李海红．大学生创业教育[M]．长春：吉林人民出版社，2008.

② [美] 泰勒．课程与教学的基本原理[M]．施良方译．北京：人民教育出版社，1994：191－209.

（一）以分科为中心的课程论

该理论主张，要使大学生正确认识客观世界，大学就应该根据各门学科知识固有的逻辑体系来组织各门课程，应当把各门课程包含的事实、法则、结论都配置在一定的程序和系统中。该理论强调以知识体系为中心来编排课程，但对大学生学习这些课程的心理准备（如兴趣、需要和接受能力等）却考虑甚少。

（二）以经验为中心的课程论

该理论又称为活动课程论，它的优点是：认为大学生的生活是一个整体，在大学生的生活经验中包括了各方面的知识，因此，大学课程应以大学生为中心来编排课程，把课程编排同生活经验的发展顺序相一致，着眼点在于教大学生而不是教知识。但这种理论夸大了大学生个人的经验，片面强调教材的心理顺序而忽视了知识本身的逻辑顺序，结果只能让大学生学习到一些零碎片段的知识。

（三）以知识结构为中心的课程论

该理论强调把学科中的基本结构（也就是这门学科的基本概念和原理）用大学生可以理解的形式加以编排，使他们首先掌握知识的结构，在此基础上对各种事实进行分类和评价。该理论注意把大学生智慧发展的程序和学科结构有机地结合起来，强调使大学生通过发现的方法来掌握知识。但这种理论的缺点是理论至上，过分强调理论，低估了大学生掌握实际知识和实践能力的重要性，忽视联系实际，该理论的指导思想是着眼于选拔天才和培养精英。

创业教育课程的设置应当在一定的课程理论指引下进行。由于上述这些课程论都存在某种缺陷，我们在设置创业教育课程时不宜对某种流派情有独钟，而应当吸收各种课程论的精华，加以整合或融合①。笔者认为，创业教育课程虽然不能以分科为中心来设置，但也不能忽视它所需要的知识体系。创业教育课程不以经验为中心来设置，但以大学生为主体的理念仍然是有指导意义的。创业教育课程不以知识结构为中心，但并不意味着它摒弃知识结构，必要的基础理念仍然是

① 张志军，梁艳清，侯维芝．高校创业教育领域课程统整的原则和步骤[J]．职教论坛，2007（02）：22－24.

重要的。在强调大学生为主体、教师为主导的今天，创业教育课程设置应关心大学生方面的因素，强调自主学习与探究学习，强调循序渐进地接触创业实践活动，以激励大学生去尝试新的认知反应方式。在创业教育课程内容选择方面，笔者认为要把握以下要点：第一，所选择的课程内容应该包括有利于大学生创业意识、创业精神与创业能力发展所必备的知识和技能，以适应未来创业的需要；而不是让大学生去学习过去是重要的而现在少有意义的东西。第二，课程内容应贴近社会创业活动，应该考虑让大学生了解创业世界、接触创业社会，掌握一些解决创业社会问题的能力。第三，课程内容要与大学生身心的特点相适应，注意培养大学生的创业兴趣、需要和能力，这样有助于大学生形成良好的创业心理个性。

四、教学模式理论

“模式”一词是英文 model 的汉译名词。model 还译为“模型”“范式”“典型”等。一般指被研究对象在理论上的逻辑框架，是经验与理论之间的一种可操作性的知识系统，是再现现实的一种理论性的简化结构。将“模式”一词最先引入到教学领域，并加以系统研究的人，当推美国的乔伊斯和韦尔。

乔伊斯和韦尔在《教学模式》一书中认为：“教学模式是构成课程和作业、选择教材、提示教师活动的一种范式或计划。”实际教学模式并不是一种计划，因为计划往往显得太具体，太具操作性，从而失去了理论色彩。将“模式”一词引入教学理论中，是想以此来说明在一定的教学思想或教学理论指导下建立起来的各种类型的教学活动的基本结构或框架，表现教学过程的程序性的策略体系。

因此教学模式可以定义为是在一定教学思想或教学理论指导下建立起来的较为稳定的教学活动结构框架和活动程序。作为结构框架，突出了教学模式从宏观上把握教学活动整体及各要素之间内部的关系和功能；作为活动程序，则突出了教学模式的有序性和可操作性。

（一）基于资源的主题教学模式①

在教育/教学活动中，特别是基于资源的主题教学模式中，资源是指教育、教学/学习资源。所谓学习资源，是指支持教学活动实现一定教学目标的各种客观存在形态；而主题是指融合教学目标的、跨学科的学习内容或学习任务，它是基于资源的主题教学模式中的核心概念。主题是基于资源的主题教学的前提，在整个教学过程中，活动都围绕着主题展开，主题开发的优劣直接影响教学效果。在开发主题的过程中，值得借鉴的理念有：由师生共同开发；具有亲和力；以"劣构性"问题为主；跨学科性/综合性；具有智力/非智力方面的挑战性；目标整体性；实践性。

所谓基于资源的主题教育（Resources-Based Thematic Instruction），是指学习者围绕一个主题，通过充分发掘和利用各种不同的资源，并遵循科学研究的一般规范和步骤而进行的一系列探究活动，其目的是让学习者提高问题解决、探究、创新等能力，促使学习者的学科素养和信息素养同时得到提升。它的基本特征在于：

（1）资源利用的广泛性：提倡多种学习资源的优化组合利用。无论何种媒体，何种形式，只要对学习有帮助就是有用的资源。

（2）具有主题性和主题的情境性：资源并不能直接用来解决主题所生成的真实的问题，学习者必须先将资源进行加工处理，内化为自己的知识，再利用知识来解决问题。这个加工处理的过程就是情境化（contextualized）的过程。

（3）跨学科性：基于资源的主题教学的一个显著特点就是综合性，突破了学科本位，需要多学科知识的综合，将各门相关学科的相关内容综合利用，采用模拟研究的方法，解决真实的问题，在孤岛似的学科知识之间架起融合的桥梁。这种学习既提高了学生的兴趣，又培养了学生融会贯通知识的能力，从多角度、多层面地思考问题的能力和习惯。

（4）任务驱动性：在一个大主题的前提下，学生通过解决大主题带来的一个个问题而达到学习目标，有问题就会带来任务，分析任务是解决问题的前提，

---

① 钟志贤．信息化教学模式［M］．北京：北京师范大学出版社，2006：81－83.

解决与自身生活密切相关的真实问题，容易使学生积极投入于学习过程，使教学真正做到以学习者为中心，使学生获得一种成就感。

(5) 探究性：探究是基于资源的主题教学中的核心手段、方式和方法。在教学过程中，强调自主探究和协作探究，让学生在问题求解的过程中学会综合利用知识、内化知识，倡导学生积极动手、动脑，使学生真正愿意学，体会如何学。

(6) 反思递进性：提倡行动研究，注重利用新型的评价观评价学习过程，要求学生和教师在学习过程中不断反思，完善探究学习过程。

(二) 情境化教学模式①

情境认知理论（Situated Cognition）是研究人类知识如何在活动过程中发展，学习是怎样产生的一种假设。该理论认为，个体心理常常产生于构成、指导和支持认知过程的环境之中，认知过程的本质是由情境决定的，情境是一切认知活动的基础。情境认知理论的知识观认为，知识的三个特点在于：知识是基于社会情境的一种活动；知识是个体与环境交互过程中建构的一种交互状态；知识是一种人类协调的一系列行为，适应动态变化的环境的能力。情境认知理论的学习观认为，实践不是独立于学习的，意义也不是与实践和情境脉络相分离的，意义正是在实践和情境脉络中通过互动和协商而产生的。因此，情境认知理论的主要内涵可以概述为：

(1) 情境是一切认知/学习和行动的基础，强调情境的真实性。

(2) 知识是一种应用工具，是真实的活动结果；知识是一种社会建构，并表现在人们的行动和共同体互动中。

(3) 学习是一种积极参与学习共同体/实践共同体和积极互动的过程。

(4) 强调认知工具/资源的运用和知识的协作/社会性建构。

(5) 要求学习者在学习的过程中清晰地表达理解和反思。

(6) 教师的主要角色是帮促者（Facilitator）。

(7) 强调真实性的评价。

---

① 钟志贤．信息化教学模式[M]．北京：北京师范大学出版社，2006：108－111.

以情境认知理论为基础的教学设计思维框架可以从九大方面来着重考虑：按照知识在现实生活中应用的方式，创设真实的情境；提供真实的活动；提供方便的专家绩效支持和过程示范；提供多元化的角色和观点；支持协作性的知识建构；促进对所形成的观点进行反思；促进阐释/清晰地表达，以使隐性知识转化为显性知识；教师在关键的时候提供指导和支架；对任务中的学习实施真实性的评价。

在情境化教学模式中，经典的模式案例有：认知学徒制和抛锚式教学模式。所谓认知学徒制（Cognition Apprenticeship）是指将传统学徒制方法中的核心技术与学校教育相结合，以培养学生的认知技能，即专家实践所需的思维、问题求解和处理复杂任务的能力。认知学徒制是一种将传统的学校教育与学徒制方法整合起来的新型教学模式。所谓抛锚式教学（Anchored Instruction）是指在多样化的现实生活背景中（或在利用技术虚拟的情境中），运用情境化教学技术以促进学生反思，提高远迁移能力和解决复杂问题能力的一种教学方式。抛锚式教学是一种学习框架，它主张学习者在基于技术的整合的学习环境中，学会解决复杂问题。

（三）基于项目的教学模式①

所谓项目（Project）就是指以制作作品，并将作品推销给客户为目的，借助多种资源，并需在一定时间内解决多个相互关联问题的学习任务。基于项目的教学模式是指基于项目的学习（Project-Based Learning，PBL）模式，它是以学习/研究某种或多种学科的概念和原理为中心，以制作作品并将作品推销给客户为目的，在真实世界中借助多种资源开展探究活动，并在一定时间内解决一系列相互关联问题的一种教学/学习模式。PBL 的学习模式主要由内容、活动、情境和结果四大要素构成。PBL 的基本特征在于：

（1）有一个驱动（引发）性的问题：问题是用来组织和激发学习活动的，学习活动则是有意义的基于项目学习的主体。

（2）有一个（或一系列）最终作品：学生之间要就作品制作进行交流和讨论，从而在交流和讨论中得出结论和产生一些新的问题。

（3）多种学科知识的交叉：问题来源于现实生活，是一种多学科交叉的问

---

① 钟志贤．信息化教学模式[M]．北京：北京师范大学出版社，2006：258－262.

题，解决问题需要运用多种学科的知识。在制作作品的过程中，面对现实生活的问题，学生的理解和学习需要综合运用多种学科知识，单纯依靠某一门学科知识则无法解决所遇到的问题。

（4）强调学习活动中的合作：老师、学生以及涉及该项活动的其他人员相互合作，形成“学习共同体”。在“学习共同体”中，成员之间是一种密切合作的关系。

（5）学习具有一定的经济效益：师生与广大的社区进行联系，学生的作品都能够与老师、家长以及商业团体进行交流和分享，学生制作的作品可以提供给商家在市面上销售，从而获得一定的经济效益。

（6）学习是在现实生活中进行探究：要求学生对现实生活的问题进行探究，通过探究学生获得学科知识的核心概念和原理，并掌握一定的技能。

（7）学习过程中需运用到多种认知工具和信息资源：在学习过程中，学生使用各种认知工具和信息资源来表述观点，支持学习。这些认知工具和信息资源有计算机实验室、超媒体、图像软件和远程通信工具等。

PBL 模式强调以学生为中心，强调小组合作学习，要求学生对现实生活中的真实性问题进行探究。通常，其流程/操作程序分为选定项目、制定计划、活动探究、成品制作、成果交流和活动评价六个步骤（如图 1－1 所示）。

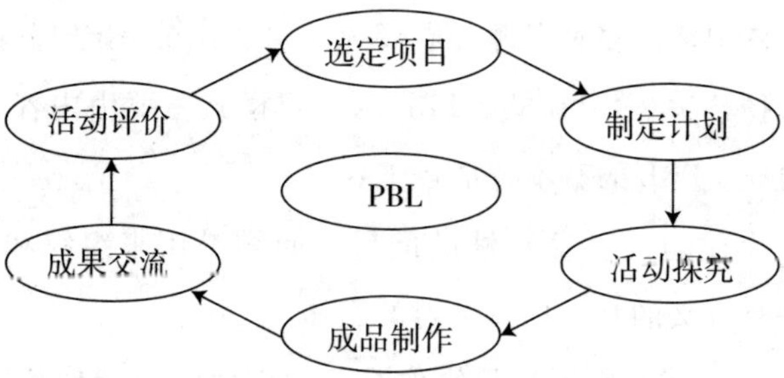

图 1－1　基于项目的学习模式操作流程图

第二章

大学生创新创业素养的情况调查与分析

第一节 大学生创新创业素养情况调查

创业现正在成为知识经济时代的关键词，创业热潮正在全国各地兴起。作为接受高等教育的大学生，富有创业激情和梦想，大学生创业已成为世人瞩目的焦点。但是，从1999年第一家大学生公司成立之后，大学生创业成功的并不多，走自主创业之路的也不多。这意味着一个严峻的现实摆在我们面前：一方面，高校急剧扩招后的毕业生就业压力越来越大，加之下岗工人和农民工就业难问题，社会迫切需要更多的人才去创业，去创造工作岗位，去解决就业难题，去推动新一轮经济的发展；而另一方面，当代大学生大多数又不愿自主创业①。其根源在哪里呢？为了探寻根源，笔者选择江西师范大学来进行实地调查研究，以期通过个案调查，了解到大学生创业素养的情况，以便更好地研究大学生创新创业素养的培养策略和建议。

一、调查方案

江西师范大学是一所典型的高等院校，它位于中国的中部，江西省的省会——南昌。为了做好大学生创业素养的调查研究工作，笔者设计了一份调查问卷，由33个问题组成，分为四大部分：启动能力、强化能力、实施能力，持续能力。

（一）调查对象

本调查于2007年上半年进行，调查对象为江西师范大学的在校大学生，涉及的专业有20个。共发放调查问卷600份，回收530份，有效回收率为88.3%，实际调查样本的构成情况见表2－1、表2－2和表2－3：

---

① 本书编委会．高校大学生就业创业工作研究：第一辑[M]．合肥：中国科学技术大学出版社，2017：52.

表 2-1 调查样本的专业分布情况表

专业	中文教育	历史教育	英语教育	政治教育	音乐教育	美术教育	数学教育	物理教育	化学教育	计算机教育
人数	26	27	28	24	25	24	25	27	24	26
比例（%）	4.9	5.1	5.3	4.5	4.7	4.5	4.7	5.1	4.5	4.9
专业	生物教育	地理教育	体育教育	旅游管理	工商管理	信息管理	通信工程	城市规划	法学	广告学
人数	26	26	24	26	24	39	28	27	26	28
比例（%）	4.9	4.9	4.5	4.9	4.5	7.4	5.3	5.1	4.9	5.3

表 2-2 调查样本的生源类别情况表

生源类别	师范	非师范
人数	332	198
比例（%）	62.6	37.4

表 2-3 调查样本的年级分布情况表

年级	大一	大二	大三	大四
人数	124	136	120	150
比例（%）	23.4	25.7	22.6	28.3

（二）调查步骤

本调查分为三个步骤：第一步，选择调查对象，考虑到调查取样的可信度和广泛性，笔者取样范围涉及大学四个年级的学生，同时生源类别有一定比例，人数达一定标准；第二步，设计调查问卷，精选 33 个问题，并印出 600 份问卷；第三步，组织人员发放调查问卷，并对收集上来的调查问卷进行统计分析。

本研究为探索性调查研究，所得数据按其百分比排序，以获取大学生对创业素养的认识。

二、调查内容

（一）创业意识与态度

如今，我国大学生创业还处于起步阶段，成功的案例并不多见。但通过问卷调查发现，多数学生对创业很感兴趣，创业意识强，并对创业持有非常积极乐观的态度。不过，多数学生对创业知识知之甚少，渴望学校能开设创业相关课程，希望能够接受到较为全面的创业教育。

在问到“您对创业感兴趣吗？”这个问题时，选择“很感兴趣”的同学占20%，选择“感兴趣”的同学占60%，二者加起来的比例高达80%（见图2－1）。

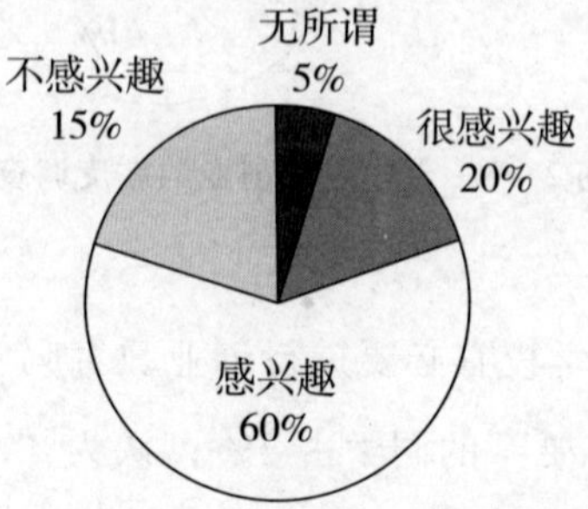

图2－1　大学生对创业的意识调查图（1）

在被问及“您是否想过要自己创业？”时，选择“想过”的同学占79%，选择“没想过”的同学占15%（见图2－2）。

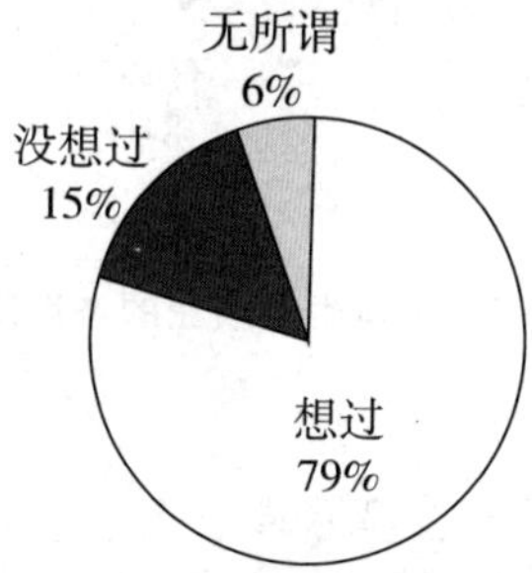

图2－2　大学生对创业的意识调查图（2）

由图 2－1 和图 2－2 可见，多数当代大学生都有创业的激情和梦想，对创业抱有满腔的热情，希望通过创业实现人生的理想。

当被问及“您对创业知识了解多少?”时，回答“非常了解”的同学只占 4%，回答“有些了解”的同学占 61%，回答“根本不了解”的同学占 35%（见图 2－3）。

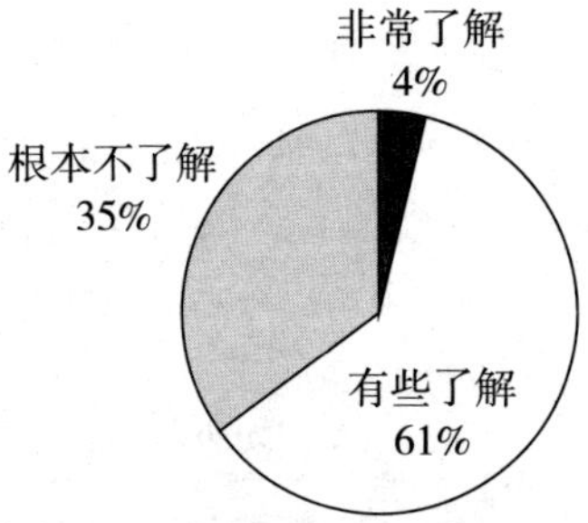

图 2－3　大学生对创业的态度调查图（1）

当被问及“您认为学校有必要进行创业教育吗?”时，认为“有必要”的同学占 81%，认为“没必要”的同学占 7%，认为“无所谓”的同学占 12%（见图 2－4）。

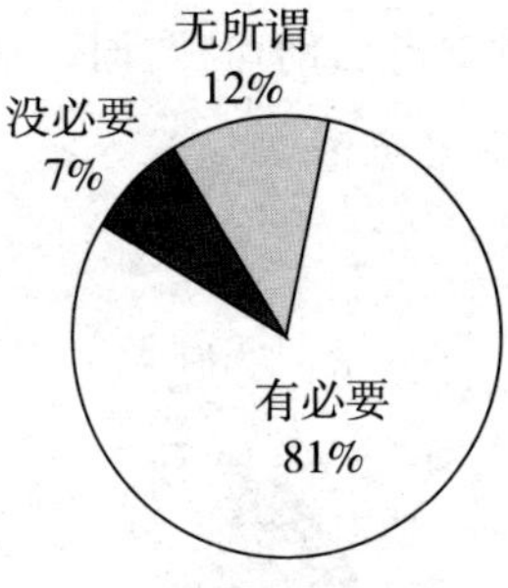

图 2－4　大学生对创业的态度调查图（2）

由图 2－3 和图 2－4 可见，虽然多数大学生对创业抱有兴趣和热情，但对创业方面的知识的了解却非常有限，迫切希望学校能够开设创业课程及创业活动，加强创业方面的教育。

（二）启动能力的情况

尽管多数大学生有着强烈的创业意识，但他们的创业启动能力却普遍缺乏。当被问及“您对自身的优势和劣势清楚吗?”时，回答“很清楚”的只占16%，“有些清楚”的占32%，“根本不清楚”的占52%（见图2-5）。由图2-5可知，多数大学生对自身的特点还没掌握，自我概念不清楚。

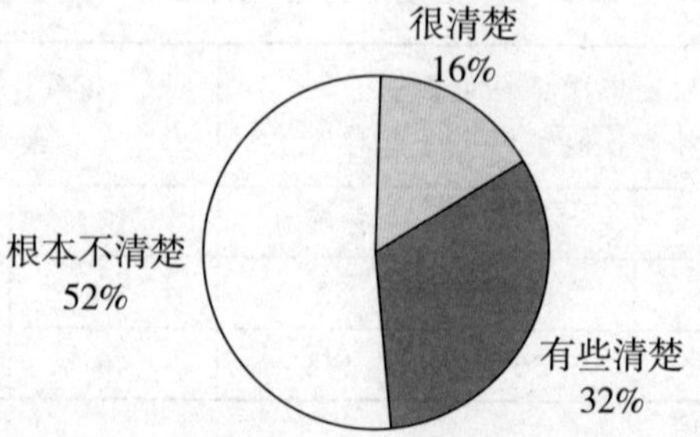

图2-5　启动能力之“自我概念”调查图

在被问及“您会关注国家或身边发生的重要事件吗?”时，选择“会”的占60%，选择“不会”的占24%，选择“无所谓”的占15%（见图2-6）；在“您会对国家或身边的重要事件进行思考和评论吗?”这个问题上，选择“会”的仅占29%，选择“不会”的达68%，选择“无所谓”的占3%（见图2-6）。

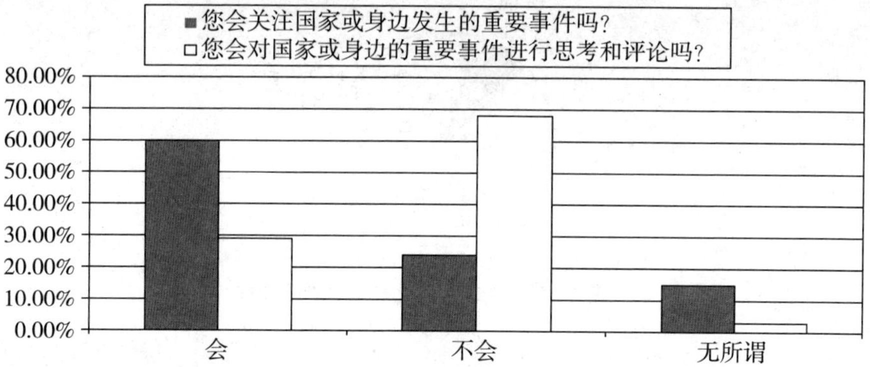

图2-6　启动能力之“敏感性”调查图

由图 2－6 可见，多数大学生对社会和周围的事件有一定的敏感性，但缺乏对事物进行深入分析的习惯。

在被问及“如果您选择自主创业，您对前景的预测会是怎样?”时，只有 16% 的同学很自信，有 36% 的同学感到迷惘，另外 48% 的同学觉得有压力；回答“如果让您管理一家公司团队，您感觉自己能胜任吗?”时，选择“没把握”和“不能”的占到 54%（见表 2－4）。

表 2－4　启动能力之“有雄心”调查表

问题	如果您选择自主创业，您对前景的预测会是怎样?			如果让您管理一家公司团队，您感觉自己能胜任吗?		
答案	自信	迷惘	有压力	能	没把握	不能
人数	87	191	252	241	149	140
比例（%）	16	36	48	46	28	26

从表 2－4 我们可以看出，多数大学生对自主创业缺乏雄心，不太敢于突破现有的工作生活规范，去尝试一种新的工作生活方式。

在回答“如果让您完成某项复杂的事务，您倾向于怎样完成?”这个问题时，选择“自我发挥”的占 33%，选择“按部就班”的占 56%，选择“其他”的占 11%（见图 2－7）。

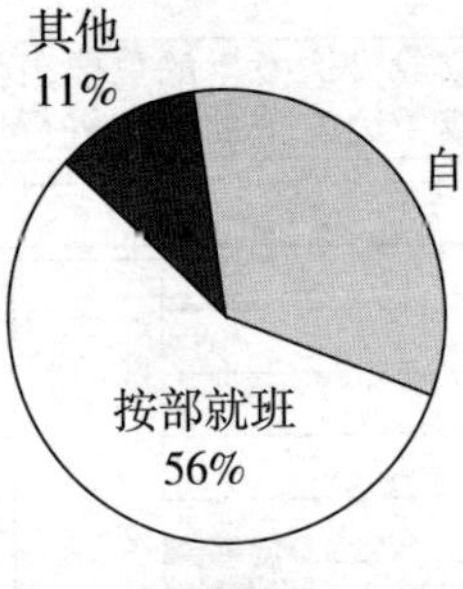

图 2－7　启动能力之“首创性”调查图

图 2－7 可以反映出多数大学生缺乏创新精神，首创性不够。

当被问及“如果让您自主创业，您感到风险压力大吗?”时，认为“很大”的有32%，认为“大”的有34%，两项加起来高达66%，认为“一般、较小、小、很小”的分别占19%、7%、5%、3%；在回答“如果您在自主创业过程中遇到风险，会怎样面对?”时，选择“承担”的只有41%，选择“逃避”的占53%，选择“其他”的有6%（见表2-5)。

表2-5　启动能力之“承担风险”调查表

问题	如果让您自主创业，您感到风险压力大吗？						如果您在自主创业过程中遇到风险，会怎样面对？		
答案	很大	大	一般	较小	小	很小	承担	逃避	其他
人数	168	178	100	39	28	17	218	282	30
比例（%）	32	34	19	7	5	3	41	53	6

从表2-5可以看出，多数大学生对创业中存在的风险感到很大压力，在承担风险方面也缺乏勇敢和坦然。

在被问及“您在工作中遇到努力很久却仍未解决难题时，会怎样选择?”时，选择“坚持原有思路”的占41%，“选择其他思路”的占54%，选择“其他”的占5%（见图2-8)。

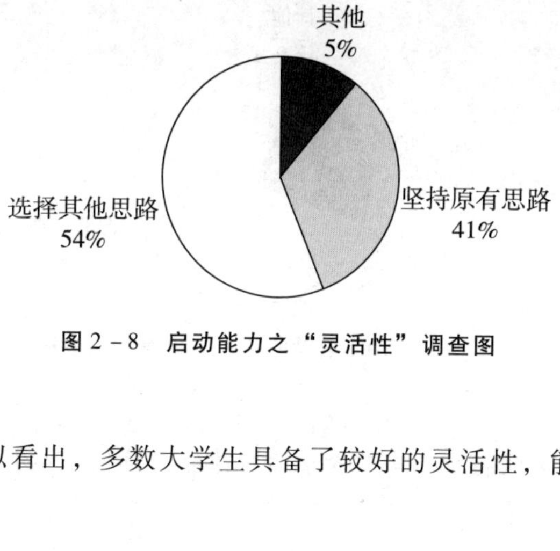

图2-8　启动能力之“灵活性”调查图

从图2-8可以看出，多数大学生具备了较好的灵活性，能够具体情况具体分析，以最大的可能解决难题。

当被问及“您在创业中遇到困难时，会怎样决定?”时，回答“努力坚持下去”的占32%，回答“不堪压力放弃”的占56%，选择“其他”的占12%（见图2－9）。

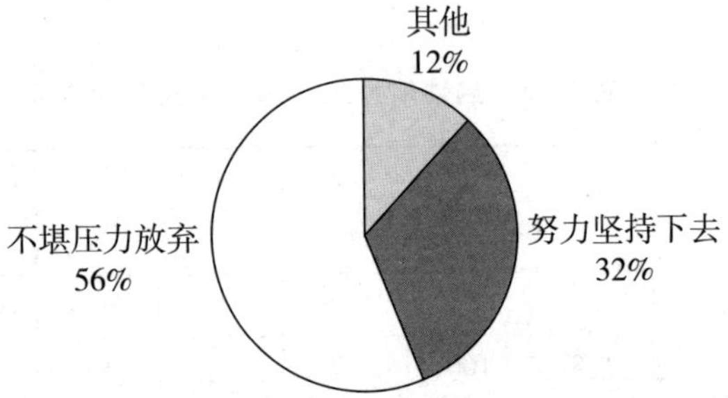

图2－9　启动能力之“毅力”调查图

由图2－9可以看出，有半数以上的大学生在困难面前，难以坚持下去，缺乏毅力和有始有终的精神。

在被问及“您在创业中遇到与原则相冲突的问题时，会怎样解决?”时，选择“坚守原则”的占71%，选择“违背原则”的占22%，选择“其他”的占7%（见图2－10）。

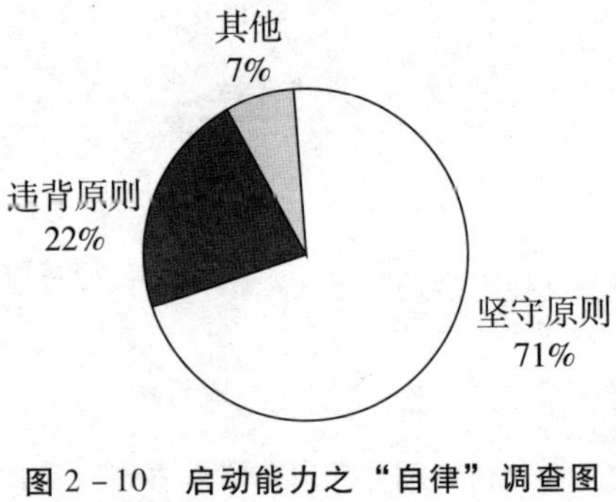

图2－10　启动能力之“自律”调查图

由图2－10可以看出，多数大学生自律能力较强。能够在与原则相冲突的情形下，坚守原则。

总结：通过对创业启动能力九个要素的调查分析，可以看出，多数大学生创业启动能力较弱。主要表现在对自身还没有充分的认识，自我概念不清晰；对外界事物有一定的敏感性，但缺乏对事物的深入分析能力；自信心普遍不足，缺乏创业的雄心大志；创新精神不够，容易因循守旧，缺乏首创性；对风险感到恐惧，承担风险的勇气不够；创业的毅力不足，也就难以做到有始有终的实现目标。不过多数大学生在以下两方面的能力表现较佳：一是对问题的处理有一定的灵活性；二是自律能力较强，能够坚守原则（见图 2－11）。

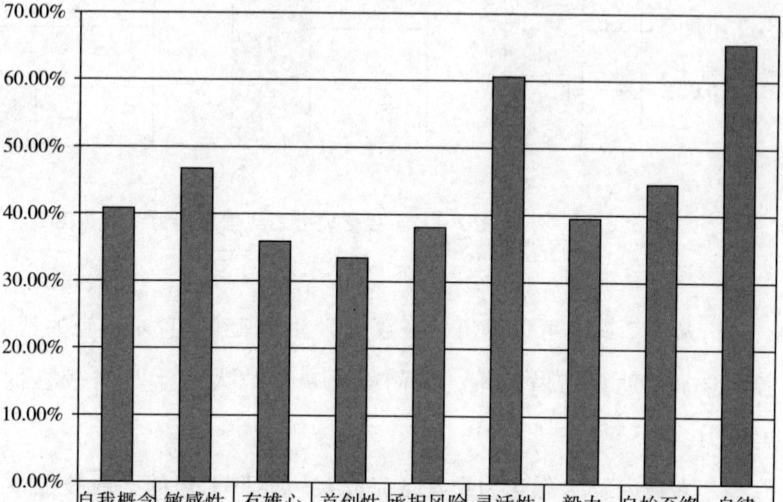

	自我概念	敏感性	有雄心	首创性	承担风险	灵活性	毅力	自始至终	自律
■创业素养之启动能力情况	40.80%	46.70%	35.90%	33.50%	38.10%	60.60%	39.50%	44.60%	65.50%

图 2－11　启动能力情况调查图

（三）强化能力的情况

在被问及“您认为他人的建议或相关信息对自己的工作会有帮助吗?”时，选择“会”的占 59%，选择“不会”的占 31%，选择“无所谓”的占 10%；在回答“您会主动搜寻相关信息或寻求他人建议来帮助自己做出决策吗?”时，选择“会”的占 55%，选择“不会”的占 34%，选择“无所谓”的占 11%（见

图 2－12）。

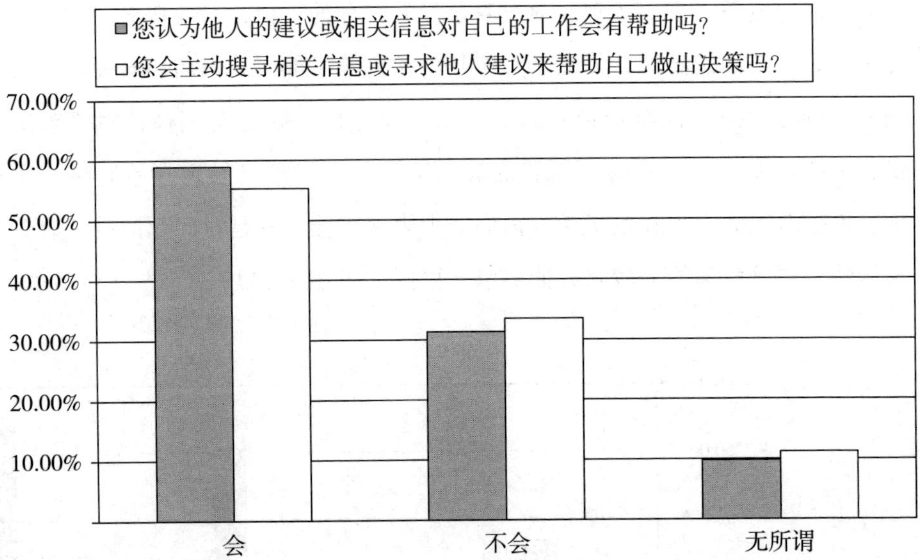

图 2－12 强化能力之“信息能力”调查图

从图 2－12 可以看出，多数大学生意识到信息对自身的帮助，也会主动搜寻信息来帮助自己做决策，从侧面反映多数大学生具有较强的信息意识和信息能力。

在被问及“您认为您具备完成某一类型工作的必要技能或专长吗?”时，选择“具备”的占 64%（其中选择“具备”的师范类占 49%），选择“不具备”的占 29%，选择“其他”的占 7%（见表 2－6）。

表 2－6 强化能力之“职业技能”调查表

问题	您认为您具备完成某一类型工作的必要技能或专长吗?			
答案	具备		不具备	其他
生源类别	师范类	非师范类		
人数	258	79	153	40
比例（%）	49	15	29	7

由表 2－6 可以看出，多数大学生具备完成某一类型工作的必要技能或专长，有一定的职业技能，但其中师范类学生占了绝大多数，非师范类学生普遍不具备一定的职业技能。

在被问及“您认为您在工作生活中的人际关系如何?”时，选择“很好”的占 13%，选择“好”的占 18%，两项加起来仅占 31%，认为“一般、较差、差、很差”的分别占 26%、22%、11%、10%（见表 2－7）。

表 2－7　强化能力之“社交技能”调查表

问题	您认为您在工作生活中的人际关系如何?					
答案	很好	好	一般	较差	差	很差
人数	67	96	140	118	57	52
比例（%）	13	18	26	22	11	10

由表 2－7 可见，多数大学生的人际关系并不是很好，社交技能较为缺乏。

在被问及“您在工作生活中，对自己必须完成的任务，是否会做预先安排?”时，选择“会”的占 41%，选择“不会”的占 53%，选择“无所谓”的占 6%（见图 2－13）。

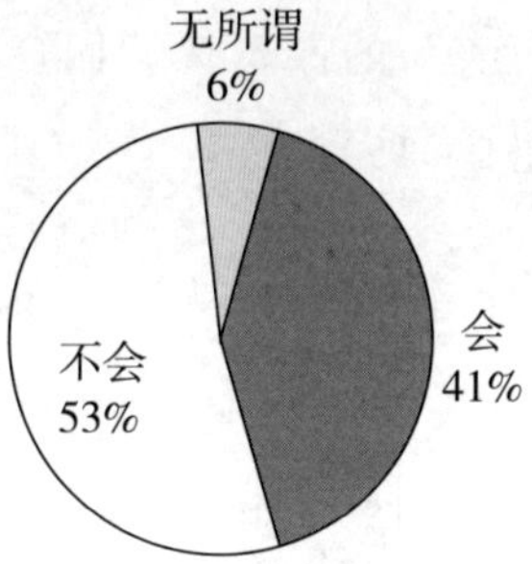

图 2－13　强化能力之“管理技能”调查图

由图 2－13 可见，半数以上的大学生在任务管理方面并不十分注重，从侧面反映出他们在管理技能方面不够重视，较为缺乏。

总结：通过对创业强化能力四个要素的调查分析可以看出，多数大学生创业强化能力偏弱。主要表现在非师范类的职业技能较为缺乏；社交技能不够，缺乏必要的社交技巧；管理技能也较为薄弱，不能有效地做好任务管理。不过多数大学生在以下两方面的能力表现较佳：一是有较强的信息意识，注重信息的搜寻，并具备了一定的信息能力；二是师范类的职业技能较强，掌握了一定的必要技能或专长（见图 2－14）。

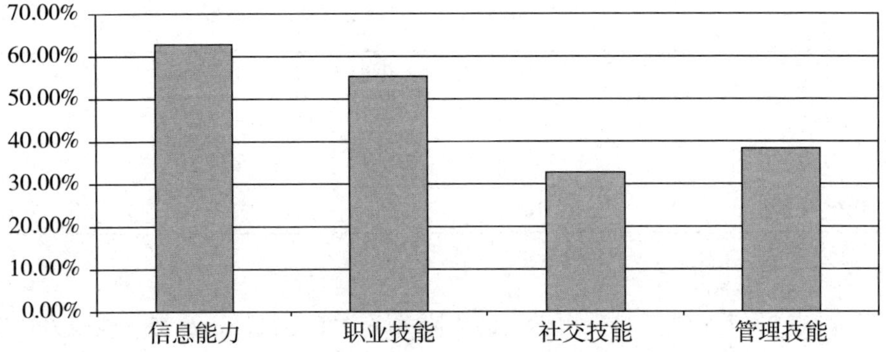

图 2－14　强化能力情况调查图

（四）持续能力的情况

在被问及“如果您获得了某项工作的成功，您的心理状态会是怎样的?”时，回答“得意之情溢于言表”的占 30%，回答“保持平常心”的占 68%，选择“其他”的占 2%（见图 2－15）。

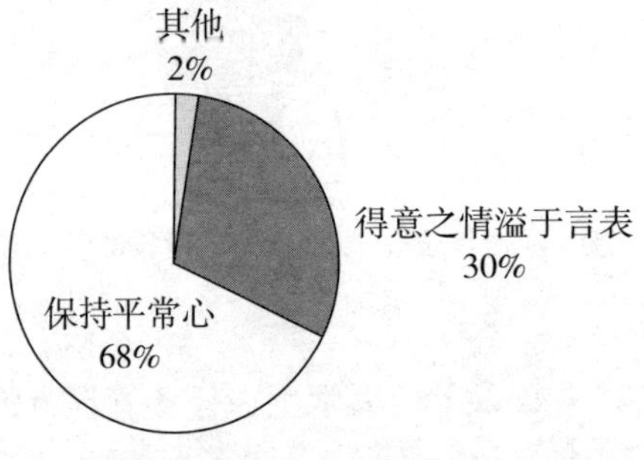

图 2－15　持续能力之“善待成功”调查图

由图 2－15 可以看出，多数大学生在成功面前还是保持了良好的心态，能够在成功的时候保持平常心，难能可贵。

在被问及“如果您在工作中遭遇重大挫折，您会选择怎样面对?”时，选择“一蹶不振”的占 59%，选择“坦然接受”的占 33%，选择“其他”的占 8%（见图 2－16）。

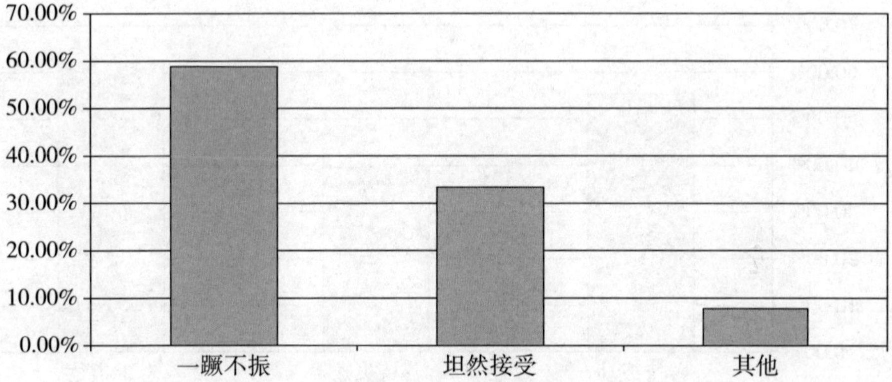

图 2－16　持续能力之“善待失败”调查图

由图 2－16 可以看出，多数大学生在失败面前，没能有在面对成功时的好的心理状态，缺乏接受失败的勇气，难以战胜自我。

在被问及“您认为个人利益与社会利益应是怎样的关系?”时，选择“个人利益更重要”的占 30%，选择“社会利益更重要”的占 19%，选择“两者相统一”的占 51%（见图 2－17）。

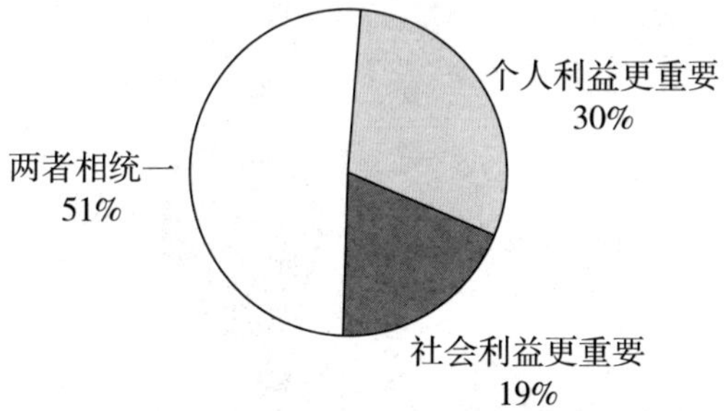

图 2－17　持续能力之“合乎道德”调查图

从图 2－17 可以看出，多数大学生能够坚持正确的利益价值观，能够将个人利益与社会利益统一起来，合乎公民的道德准则。

总结：多数大学生的创业持续能力比较一般，虽然能够善待成功，并且能够坚持正确的利益价值观，合乎道德，但在失败面前表现脆弱，而这恰恰是创业最关键的心理因素，不能克服这一点，在创业道路上就难以坚持到最后（见图 2－18）。

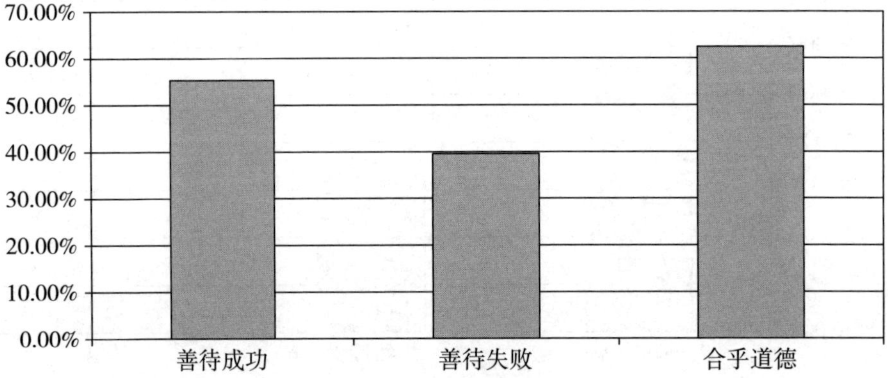

图 2－18　持续能力情况调查图

（五）实施能力的情况

在被问及“您在需要做出某项生活或工作决策时，会怎样做出?”时，选择“非常果断”的占 42%，选择“犹豫不决”的占 55%，选择“其他”的占 3%（见图 2－19）。

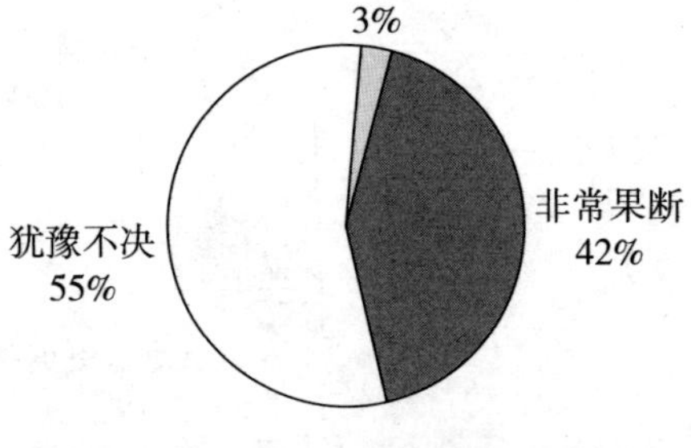

图 2－19　实施能力之“预见”调查图

由图 2－19 可知，半数以上的大学生在做出决策时犹豫不决，不够果断，缺乏预见性。

在被问及“您认为您善于把握各种可能的机会吗?”时，选择“善于”的占 40%，选择“不善于”的占 53%，选择“无所谓”的占 7%（见图 2－20）。

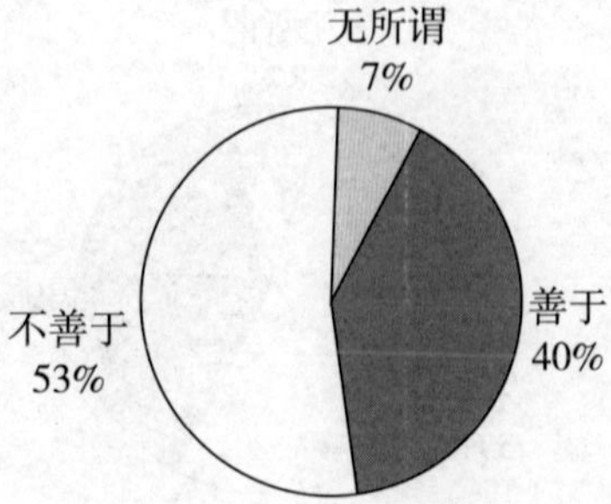

图 2－20　实施能力之“识见”调查图

由图 2－20 可知，半数以上的大学生不善于把握各种可能的机会，错失很多良机，这说明他们的识见能力不强，不能及时把握与行动相关的各种机会。

在被问及“您会为自己目标的实现而制订实施计划吗?”，选择“会”的占 56%，选择“不会”的占 34%，选择“无所谓”的占 10%；在回答“您通常会严格执行自己制定的目标计划吗?”时，选择“会”的占 40%，选择“不会”的占 53%，选择“无所谓”的占 7%（见图 2－21）。

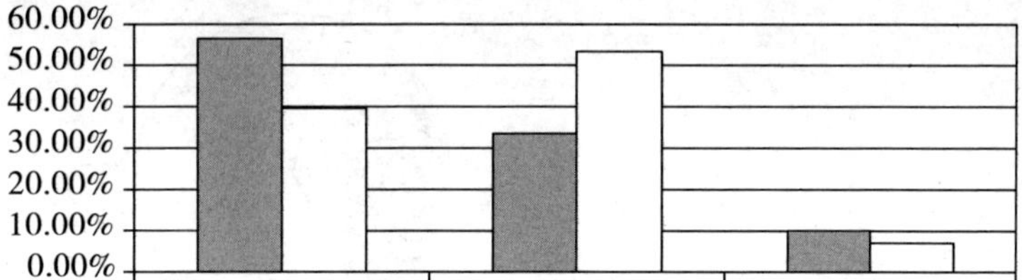

	会	不会	无所谓
■您会为自己目标的实现而制订实施计划吗?	56%	34%	10%
□您通常会严格执行自己制订的目标计划吗?	40%	53%	7%

图 2－21　实施能力之“计划”调查图

由图 2 - 21 可知，多数大学生会为实现目标而制订实施计划，有计划意识，计划能力较强，但是他们在执行计划的时候通常缺乏持续精神，执行力不够。

在被问及“您会对自己的行动进行不断地反思和评价吗?”时，选择“会”的仅占 39%，选择不会的占 53%，选择“无所谓”的占 8%（见图 2 - 22）。

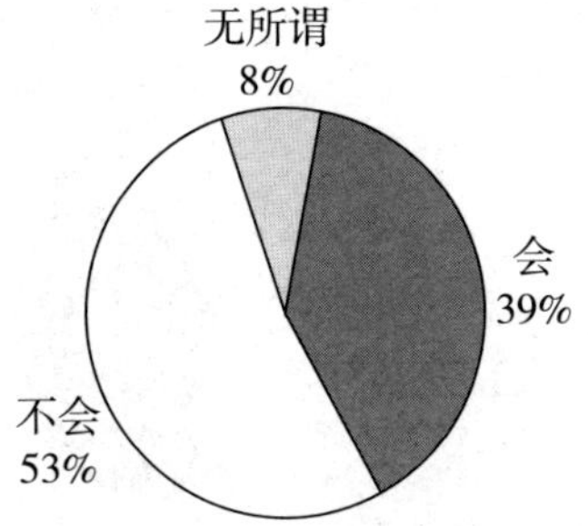

图 2 - 22　实施能力之“评价”调查图

由图 2 - 22 可知，多数大学生不对行动的进展进行监控并及时反思和评价，评价能力较为缺乏。

在被问及“您认为他人的批评和建议对行动效果的改善重要吗?”时，认为“重要”的占 61%，认为“不重要”的 31%，认为“无所谓”的占 8%（见图 2 - 23）。

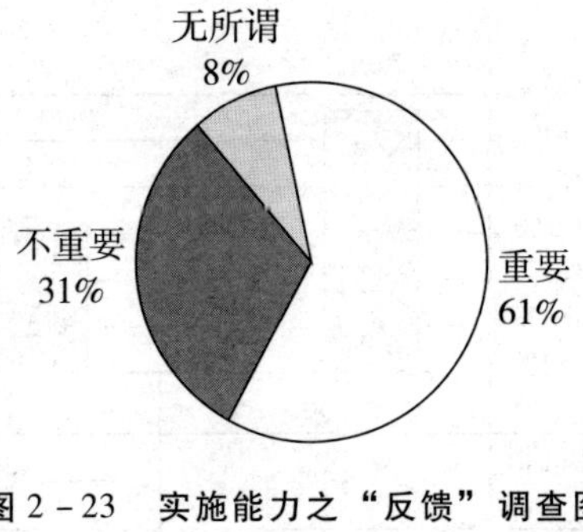

图 2 - 23　实施能力之“反馈”调查图

由图 2 - 23 可知，多数大学生认为行动的反馈对行动的效果具有重要作用，说明他们的反馈能力较强。

总结：多数大学生的创业实施能力较弱，主要表现在做决策时犹豫不决，缺乏预见性；识见能力不强，不能及时把握与行动相关的各种机会；有计划意识，但他们在执行计划的时候通常缺乏持续精神，执行力不够；不对行动的进展进行监控并及时反思和评价，评价能力较为缺乏。不过，他们的反馈能力较强（见图2－24）。

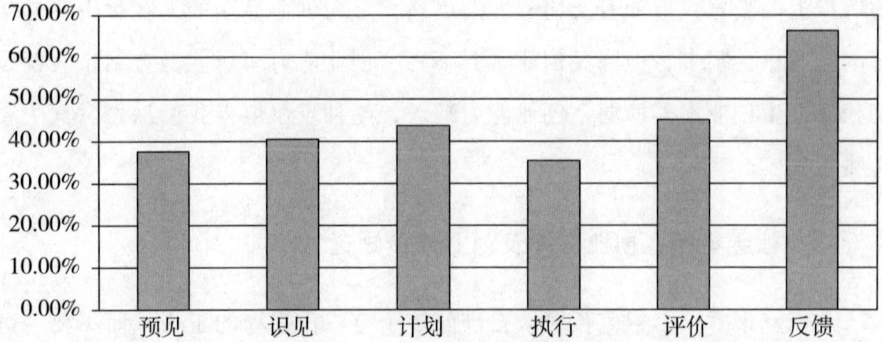

图2－24　实施能力情况调查图

第二节　大学生创新创业素养问题及成因分析

大学生本身是一个充满激情与绽放活力的群体。能够考入高等学府，可以从一个侧面说明大学生的知识学习与运用能力是较强的，其投身于经济发展与社会建设的浪潮中也是具有明显优势的。而现实情况是：大学生在就业道路的选择上，有较多人选择了进入他们认为相对稳定的行业，比如考取公务员、进入国有企业与事业单位等稳定行业，对于进入民营企业、外资企业以及自主创业总是心存不安，害怕因失败而承担风险，所谓的“铁饭碗”在他们心目中依然占据着非常重要的地位。通过调查我们发现，大学生创业素养相对薄弱，他们对能否进行自主创业缺少自信，内心充满矛盾和焦虑。一方面向往创业、渴望创业，另一方面害怕创业、担心创业；一方面想自主创业，另一方面又想找一个稳定的工作单位；一方面想干一番轰轰烈烈的事业，另一方面又为自己的创业素养不高而感到苦闷，对创业前景把握不定，显得迷惘，意志不够坚强。从调查中我们还发现，初入高校的学生创业激情明显高于其他年级，到了高年级反而逐渐减弱。清华大学中国创业研究中心发布的“全球创业观察中国报告要点”指出，我国的创业类型以生存型为主，而不是机会型。参与创业活动的创业者绝大多数只受过初等以上的教育，但随着文化程度的提高，参与创业活动的人数呈下降趋势。中国的创业机会很多，但国民创业素养不高，创业能力薄弱。调查结果表明，我国高校毕业生创业素养薄弱，创业能力缺乏，这种现象值得我们深思。其主要原因在哪里呢？

一、社会氛围：创业环境及创业政策缺乏

从家庭来看，多数家长要求自己的孩子有一份安稳的工作，而不要一进社会就承担太大的风险。不少家长难以接受毕业就创业的事实，觉得自己的孩子去创业是没本事、没出息、找不到工作单位的表现。这从一个侧面也反映出传统的社会文化心理对创业的不利因素，因为长期以来我国实行的是小农经济和计划经济，加之过去对“市场经济”的错误批判，人们不认识市场经济，不理解经商，不以经商为荣，反而把商人贬为“奸商”，经商的人社会地位不高，风险太大，各种社会保障又不得力。家长以及亲朋好友的这种潜在的对创业不信任的社会心理对想创业的大学生来说无疑是一种巨大的心理压力。

从创业环境来看，我国的创业环境不够温和。我国在创业环境中的弱势方面很多，在金融支持、政府政策（政府直接支持、中央政府的创业政策、新企业审批）、政府项目（政府项目中的服务型组织）、研究开发转移（研究开发转移的条件、知识产权保护）、商务环境（商务环境中为创业企业提供金融和非金融服务）和文化与社会规范（社会文化中个人与集体的责任关系）等方面均处于劣势。

再从创业政策来看，最近几年，国家和地方政府以及一些高校纷纷出台支持和扶持大学生创业的政策，的确为大学生创业解除了许多后顾之忧。然而仔细分析和思考，可以发现现行大学生创业政策还存在一些问题，具体表现在：

（一）政策制定不配套

大学生创业是一个系统工程，不能认为就是高校的事情，需要全社会各行各业的支持，特别是各级政府要担负起主要责任。大学毕业生进入市场后，如果市场准入标准太高，创业环境不改善，市场游戏竞争规则不公平不规范，创业成果和产权得不到妥善保护，大学生的创业激情很容易受到伤害。这些都是大学生创业政策制定过程中，国家要重点研究和考虑的。

（二）政策执行力不强

虽然国家再三强调要大力支持和扶持大学毕业生创业，相应的创业政策早已发布，但一些地方政府和有关单位以及高校并没有积极地贯彻执行。各级政府、各级系统内部各有各的政策，各有各的不执行的理由，“上有政策，下有对策”，条块分割，各行其是。一些主管领导甚至没有认真学习国家创业政策，更谈不上研究和制定本地大学生创业的具体政策。

（三）政策治标不治本

大学生创业政策目前主要是在大学毕业生办理创业经营许可证过程中可以享受的一些优惠条件。但大学生创业的主要问题在于创业素养不高，缺乏创业管理能力。缺乏创业素养，发现不了市场机会，有了机会，不懂组织的市场运作，不懂团队管理，即使给创业资金，也不知财务管理与融资，其结果可想而知，学生创业多以失败告终。许多在校大学生创业的公司，一年后大多举步维艰。

当然，我们不能以成败论英雄，勇于行动、敢于行动比什么都可贵。问题在于我们分管教育的政府部门和高校长期以来没有把大学生创业素养作为人才培养目标，不培养创业型人才，而是重视就业型、守业型人才的培养，其结果导致绝大多数大学毕业生毕业后不敢创业，被动就业。加入 WTO 后的中国虽然有许多的市场机会，但受过高等教育的人大多对市场缺乏敏感度，倒是国外的创业者看准中国的巨大市场机会，纷纷到中国来创业。

由此可见，我国大学生创业政策不能仅限于在学生毕业的时候或创业开始的三年内提供一些优惠的政策，政策不仅要应急，更要有前瞻性，要有长远的战略眼光，要有近期政策、中期政策和长远政策。关键要制定促进大学生创业素养培养的教育政策，而且这个政策不能只考虑高校，而要让中小学教育都注重青少年创业素养的培养问题，因为青少年创业素养的形成是一个从幼儿就开始，由低级到高级渐进发展的过程。

二、高校教育：创业教育理论与实践迟滞

从初等教育来看，我国青少年初中教育阶段一直实行的是“中考”教育，而到了高中教育阶段实行的是“高考”教育。而且这两个“考”考的是卷面成绩，评价学生的标准是唯一的卷面分数，评价学校的标准是看学校培养出多少高分学生，高考录取也是看高考分数，你就是再有创新能力，如果高考分数不好谁也不敢破格录取。

为了考出好分数，为了培养更多的高分学生，大学都在“逼”学生读书，中学也只重视与中考、高考密切相关的课程学习，只重视课本学习能力的培养，至于未来创业所需要的诚信做人、自立做事、快乐自信、生活能力、抗压抗挫、人际沟通、领导决策、组织管理、创新创造、兴趣爱好、捕捉机会、投资理财、团队合作、市场营销等方面的教育都很欠缺。从初中到高中要学6年，学生年龄大多在12~17岁之间，这个年龄阶段是青少年发展的重要时期，也是各种素养形成的重要阶段。如果在这6年的身心发展过程中不重视未来中国国民创业素养的培养，将导致国民和谐创业心理发展的一个断层，同时也让高校的创业教育显得任重道远。我国的中等教育在“两考”的指挥棒下，使老师教学与学生学习的重点都在于围绕“两考”考点而进行知识掌握，而对于未来创业所需要的素质与修养的培养则涉及较少，如创新性思维能力、人际交往能力、组织协调能力、管理沟通能力、抗挫折能力、诚实守信、团结合作、自信自立等。中学教育和大学教育犹如两道人生历程关卡，如果这两道关卡都没有重视素质教育和创业教育，那未来很难改变中国国民的创业素养薄弱这一问题。

从大学教育来看，长期以来高校教育似乎也在延续分数挂帅的传统，高校的创业教育严重缺失。笔者通过走访和网络查询的方式对江西省28所高校的创业教育状况进行了调查。调查结果显示：江西省高校大学生毕业时创业人数不到毕业生人数的0.3%，28所院校中只有4所成立了大学生创业指导中心［南昌大

学、江西师范大学、南昌航空工业学院（现为南昌航空大学）、宜春学院]，占调查总数的14%。专门开设大学生创业指导或创业管理方面课程的高校只有3所(南昌大学、江西师范大学、赣南师范学院)，占11%，不少学校只是在开设大学生就业指导课的过程中讲一点创业的内容。专门建立大学生创业网站的高校只有2所（江西师范大学、赣南师范学院)，大部分高校只是建立就业网站，在就业网站中涉及一些大学生创业方面的指导内容。建立大学生基地的高校只有1所，江西师范大学资助建立了“电子科技创业中心”“大学生科研创新实验基地”等科研创业活动基地，组织了五届大学生科研创业支持资助活动，向参与科研创业立项的大学生提供一定的资助，鼓励大学生根据专业特长积极开展创业方面的初步训练。但江西师范大学在创业教育方面更多地关注非师范群体，对于师范类的学生关注较少。而且即使是在非师范类群体里，也只是少数人能够参与到创业的实践活动中去，多数学生对此并不了解。

这说明高校的创业教育还不完善，普及创业教育的程度很低，与此同时，高校的创业教育还处在起步阶段，高校在课程设置与教学模式等还一直延续教学研究型大学和应试的思维习惯和文化氛围。

从创业师资力量来看，高校创业型师资缺乏，有创业理论又有创业实践经验的创业指导老师更缺。而创业师资队伍的紧缺，也是造成我国创业教育相对滞后的重要原因。而创业本身是实践性很强的活动，单纯的理论解读并不能解决创业的实务问题，高校教师在这一方面是薄弱的，加之多数教师本身的市场洞察能力与创新创业能力欠缺，因此也就难以引导学生进行创新创业实践活动。

许多高校的创业教育没有开展，除了管理层对创业教育不重视外，创业型老师的缺乏也是一个重要原因。

再从学校氛围来看，高校的文化中创新意识、创业热情、冒险意识、团队合作精神的氛围不强，领导和管理人员由于怕负责任，在大学生学习的过程中，在组织大学生活动时，不敢鼓励大学生勇于创新、大胆实践。教师由于自己缺乏创业意识、市场意识和人格胆量，在教书育人时也就不会有意识地去鼓励和正确引导大学生进行创新与承担市场风险的事情。学校的宣传环境和宣传舆论也是重点宣传学习好、考试好、分数高、守纪律的先进事迹。

第三章

大学生创新创业素养与职业能力

第一节　就业质量跟踪调查的改革思考

《国务院办公厅关于做好2013年全国普通高等学校毕业生就业工作的通知》(国办发〔2013〕35号)要求：为全面系统反映高校毕业生就业工作实际，完善就业状况反馈机制，及时回应社会关切、接受社会监督，建立健全高校毕业生就业工作评价体系，拟从2013年起，由各高校编制发布高校毕业生就业质量年度报告。毕业生就业质量跟踪调查作为毕业生就业质量年度报告的重要组成部分，主要包括毕业生就业状况、对母校教育教学和就业服务工作的满意度以及用人单位对高校人才培养质量的认可度。

一、应用型大学毕业生就业质量跟踪调查的意义

(一) 推动与促进学校的教育教学改革

应用型大学是培养应用型人才的主阵地，人才培养目标是为了满足市场需要，用人单位的认可度将直接关系到学校的生存与发展。通过毕业生就业质量跟踪调查可以了解和掌握毕业生的就业状况以及对学校教育教学的满意度，对人才培养方案的制定起到了参考和借鉴作用，以此促进教育教学改革。学科结构的调整和专业内涵的建设是教育教学改革的核心内容，是一个不断探索和优化的过程，通过毕业生就业质量跟踪调查研究专业发展趋势，对以市场需求为导向的教育教学改革具有关键作用。

(二) 建立“三方”良性循环反馈机制

毕业生就业质量跟踪调查强化了学校、毕业生和用人单位之间的联系。一方面，学校通过就业指导老师与班主任以走访、电话、QQ、微信等方式对毕业生的就业状况以及毕业生对学校教育教学的满意度进行调查，毕业生从中感受到学

校的关怀，激发了他们对学校的热爱，并将这份热爱带到工作岗位上。另一方面，学校通过就业服务部门的工作人员与用人单位进行互动，从用人单位的角度来评价人才培养质量，将以市场需求为导向的高校教育教学改革落到实处。毕业生就业质量跟踪调查对于学校、毕业生和用人单位三方良性循环反馈机制的建立具有重要意义。

（三）提升学校整体形象与社会影响力

人才培养质量的高低是学校提升整体形象与社会影响力的决定性因素。对于毕业生而言，就业质量跟踪调查一定程度上激发了学生对母校的荣誉感与自豪感，对学校整体形象的提升有推动作用。从用人单位的角度看，用人单位不仅希望得到优质的“售前”服务，也希望得到优质的“售后”服务。“售后”服务的好坏也成为影响他们对高校的评价的重要方面，最终影响学校整体形象的提升。毕业生就业质量跟踪调查在建立学校、毕业生和用人单位的三维网络关系的同时，也体现了学校紧紧围绕社会需求进行人才培养的社会责任感。良好的“售后”服务对高校整体形象和社会影响力的提升具有重要作用。

二、应用型大学毕业生就业质量跟踪调查存在的问题

（一）制度制定不完善

有的应用型大学并未出台专门针对毕业生就业质量跟踪调查的制度性文件，对毕业生就业质量的跟踪调查只体现在每年的就业工作方案或就业工作会议中。缺乏专门的政策执行细则文件，造成就业指导老师和班主任在开展毕业生就业质量跟踪调查的过程中，目标定位不明确及调查重点不准确等情况，部分调查人员的重点只是对就业真实性进行核查，对于学生在单位工作的职业状况以及对学校教育教学的满意度了解较少，偏离了就业质量跟踪调查最核心的目标。

（二）人员经费不充足

毕业生就业质量跟踪调查主要由各二级学院负责开展，通过就业指导老师、班主任或论文指导老师等具体实施。但由于实施调查的人员身兼数职，比如就业指导老师多由辅导员兼任，辅导员同时还需负责学生工作处、组织部以及各二级

学院等所下达的其他工作任务，事务繁杂，因而调查人员用于就业质量跟踪调查的精力相当有限。有的学院调查经费按毕业生 20 元/人的标准补助电话费。调查人员除了电话费，还需花费很多时间与精力跟毕业生沟通，甚至是放弃晚上、周末及其他节假日的时间，对于部分毕业生集中的单位还需实地走访。面对庞杂的调查任务，人员经费显得不够充足。

（三）调查方式不科学

通信产业与互联网技术的发展，为我们提供了众多的沟通渠道与方式。有的学院毕业生就业质量跟踪调查从制度引导上倾向于采用电话访谈的方式，其次是QQ、微博、微信等通信方式。电话访谈的优点是快捷，但有些复杂问题难以表达清楚，如果漏听了一个词，问题就变得模棱两可，难免发生误解。

（四）受调对象不配合

毕业生对就业质量跟踪调查存在着误解或不信任，有些认为学校和老师是在监控他们的职业状况或窃取他们的隐私；有些则认为自身的职业状况不理想，不愿意与学校、老师和同学交流。毕业生对就业质量跟踪调查认识的误区增加了调查的难度。

（五）调查结果采纳少

由于负责调查的部门是招生就业处，而负责人才培养方案制定的是教务处与各二级学院，不同部门彼此不了解、缺乏沟通，因而教务处和各二级学院对调查结果的采纳少，减弱了毕业生就业质量跟踪调查对于教育教学改革的推进作用。

三、毕业生就业质量跟踪调查的改革思考

（一）完善毕业生就业质量跟踪调查制度

毕业生就业质量跟踪调查作为就业服务工作的常规工作，应制度化、科学化、流程化与系统化。一是目标定位需准确。毕业生就业质量跟踪调查的目标不仅仅是核查就业的真实性，还需重点关注与反馈毕业生和用人单位的意见。二是制度设计需科学。制度设计过程中应注重人员经费的合理保障、调查人员与受调人员的积极性和参与度、调查方式的综合运用、调查结果的反馈与采纳、用人单

位对调查意义的认可等。

（二）综合利用各种调查方式开展跟踪调查

调查方式的合理运用能提高调查效能，毕业生就业质量跟踪调查可综合运用以下方式：一是在线问卷。按需设计调查问卷，并通过“问卷星”等专业网站进行在线调查。二是电话访谈。利用就业核查时机，与学生、用人单位通过电话访谈快速收集调查关键内容的数据。三是实地走访。利用校企合作、就业实训基地、产学研基础、专业实习单位等组织调查人员到用人单位对毕业生和用人单位进行实地调查。四是定点采集。利用专场招聘会、大型招聘会、校庆等活动与毕业生和用人单位进行问卷式或访谈式调查。五是网络工具。利用 QQ、微博、微信等网络聊天工具采集毕业生和用人单位对学校的评价数据。

（三）科学设计毕业生就业质量跟踪调查内容

调查内容设计的合理性关系到毕业生就业质量跟踪调查实施的价值，需根据不同的调查对象设计有针对性的内容。对毕业生调查内容的选择需侧重个人职业生涯发展状况，包括专业匹配度、职业期待吻合度、就业现状满意度、月收入、跳槽与失业、学校满意度等内容。对用人单位调查内容的选择需侧重用人单位对毕业生素质能力和专业技能的评价，毕业生是否能胜任岗位以及人才需求与人才培养建议等内容。

（四）充分激发参与调查各方人员的积极性

调动调查人员的积极性可通过人员经费的保障予以实现。争取毕业生的配合可从以下方面着手：一是引导毕业生正确认识就业质量跟踪调查的意义。就业质量跟踪调查不只是就业核查与就业率统计，更多的是将他们的意见反馈回学校，推进学校的教育教学改革。二是建立良好的师生关系。良好师生关系的建立依赖于学校的每位教职工，不单是就业指导老师、班主任、辅导员以及任课老师。就业指导服务人员尤其要树立服务意识，在办理毕业相关手续如档案派送、报到证打印、户口咨询等方面给予学生正确指导与帮助，在毕业生心中树立良好形象。取得用人单位的积极参与需加强双方沟通交流，为他们提供便捷高效的人才选聘服务，并及时回应他们反馈的信息。

(五) 多采纳毕业生就业质量跟踪调查结果

毕业生就业质量跟踪调查的终极意义在于推进学校以市场需求为导向进行教育教学改革。招生就业处、教务处和各二级学院之间信息渠道应畅通，招生就业处和各二级学院将毕业生就业质量跟踪调查结果及时反馈到教务处，教务处和各二级学院应适当地将结果融合到人才培养方案的制定，三方的互融互通提高毕业生就业质量跟踪调查结果的采纳率。

第二节　就业质量与人才培养模式改革

高校毕业生就业质量是高等学校教育教学和人才培养质量的重要反映。教育部根据《国务院办公厅关于做好2013年全国普通高等学校毕业生就业工作的通知》(国办发〔2013〕35号)要求，拟从2013年起，由各高校编制发布高校毕业生就业质量年度报告，就业质量成为招生计划安排、学科专业调整、教育教学改革等方面的重要参考。以钦州学院(现为北部湾大学)为例，钦州学院共有9个学科55个专业，其中工科有15个专业，成为拥有专业数量最多的学科，其就业质量高低对钦州学院向应用型大学转型与创建北部湾大学具有重要意义。

一、工科专业毕业生就业质量状况

(一) 调查基本情况

为了解钦州学院工科专业毕业生就业质量状况，笔者设计了“钦州学院毕业生就业状况和对母校就业服务工作评价问卷”，问卷通过“问卷星”网站发布并回收。共有355名2014届钦州学院15个工科专业毕业生参与了问卷调查，分别为航海技术、轮机工程、食品科学与工程、食品科学与工程(海产品储运与加工)、化学工程与工艺、化学工程与工艺(石油化学工程)、计算机技术、计算机科学与技术（数字媒体）、计算机科学与技术（网络技术）、电子信息工程、电子信息工程（通信）、机械工程与自动化、自动化、自动化（工业自动化）、自动化（过程控制自动化）。问卷涵盖两方面内容：一是反映毕业生就业质量的各项指标，包括月薪、专业匹配度、职业期待吻合度、就业现状满意度和就业稳定度等；二是毕业生对教育教学的评价，包括课程设计和教学效果等。

（二）就业质量状况

1. 平均月薪水平不高

这里的月薪包括毕业生个人所有福利（隐性福利折算为资金包含在内），统计得出平均月薪为3087元。其中，平均月薪最高的专业是计算机科学与技术（数字媒体）（4755元），最低的专业是食品科学与工程（2190元）；平均月薪在2001～3000元的有6个专业，在3001～4000元的有8个专业，在4001～5000元的有1个专业。智联招聘于2014年4月发布的2014年应届毕业生就业调研报告显示，实际签约的平均月薪为3945元，比钦州学院工科专业毕业生平均月薪高近1000元。

2. 专业匹配度偏低

这里的专业匹配度包括“岗位与专业对口”“主要工作与专业相关度较高”和“就业岗位与专业相关”，统计得出专业匹配度为67.39%。其中，专业匹配度最高的专业是计算机科学与技术（网络技术）（85.00%），最低的专业是航海技术（25.00%）；专业匹配度低于80%的专业有13个，高于80%（含）的专业有2个。就业岗位与专业不相关原因统计结果如表3－1所示：

表3－1　就业岗位与专业不相关原因统计表

原因	专业工作不符合自己职业期待	专业工作岗位招聘少	达不到专业相关工作的要求	其他
比例（%）	41.23%	13.16%	21.93%	23.68%

3. 职业期待吻合度差

这里的职业期待吻合度包括实际工作与职业期待“吻合”和“基本吻合”，

统计得出职业期待吻合度为79.34%。实际工作与职业期待不吻合原因统计结果如表3-2所示：

表3-2　实际工作与职业期待不吻合原因统计表

原因	不符合我的职业发展规划	不符合我的生活方式	不符合我的兴趣爱好	不符合我的性格
比例（%）	70.18%	43.86%	40.35%	28.07%

4. 就业现状满意度低

这里的就业现状满意度包括对就业现状“很满意”和“满意”，统计得出就业现状满意度为50.90%。对就业现状不满意的原因统计结果如表3-3所示：

表3-3　对就业现状不满意的原因统计表

原因	发展空间不够	收入低	工作能力不够造成压力大	工作环境条件不好	领导不认可	工作氛围不好	加班太多	其他
比例（%）	23.46%	27.16%	6.17%	27.16%	0.00%	6.17%	6.17%	3.71%

5. 就业稳定性较弱

这里的就业稳定性指的是“离职率”，统计得出离职率为46.38%。离职原因统计结果如表3-4所示：

表3-4　离职原因统计表

原因	个人发展空间不够	薪资福利低	想改变职业或行业	对单位（企业）管理制度和文化不适应	缺少直接主管的指导和关怀	准备求学深造	工作要求高压力太大	就业没有安全感
比例（%）	66.67%	46.67%	35.83%	21.67%	10.83%	8.33%	10.83%	13.33%

6. 课程设计评价较低

这里的课程设计评价指的是毕业生对所学专业核心课程重要度及满足度的评价。专业匹配度最低的航海技术专业和最高的计算机科学与技术（网络技术）专业其课程设计评价结果分别如图 3－1 和图 3－2 所示：

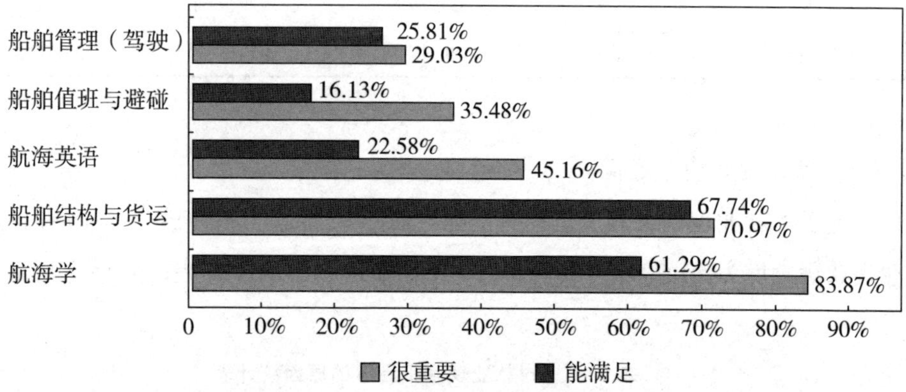

图 3－1　航海技术专业毕业生对所学专业核心课程重要度及满足度评价图

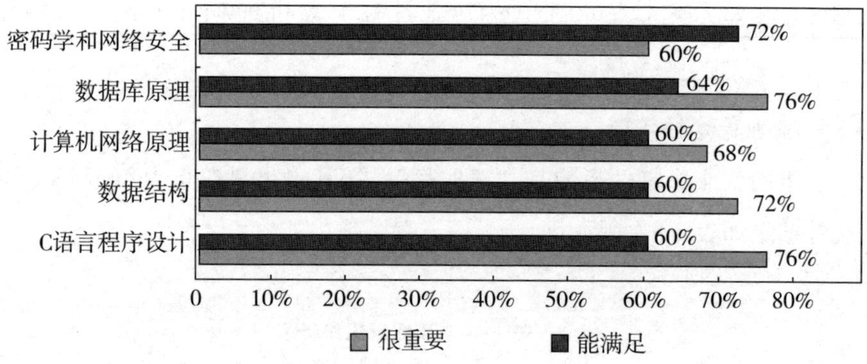

图 3－2　计算机科学与技术（网络技术）专业毕业生对所学专业核心课程重要度及满足度评价图

7. 教学效果认可欠佳

这里的教学效果指的是毕业生对学校课程与教学的满意度，包括“很满意”和“满意”，统计得出课程与教学的总体满意度为 64.79%，其中很满意、满意分别占 8.50%、56.30%。毕业生认为课程教学需要改进的方面如表 3－5 所示：

表 3－5 课程教学需要改进方面统计表

需要改进的方面	课程内容不实用或陈旧	课程无法调动学生学习兴趣	教师专业能力差	教师不够敬业	课堂上师生互动不够	课程考核方式不合理	专业实习和实践环节不够	课程实践课时少	与任课教师课下交流机会少	其他
比例（%）	43.66%	65.35%	13.52%	10.99%	44.23%	25.35%	65.35%	55.77%	28.45%	3.66%

二、工科专业人才培养的问题透视

（一）学校方面：人才培养方案不尽合理

人才培养方案是学校实现人才培养目标和基本培养规格的指导性文件，是学校组织教学和进行教学管理的主要依据，是学校对教育教学质量进行监控和评价的基础性文件，是人才培养目标与规格的具体化、实践化形式，是实现人才培养目标和基本规格要求的总体设计蓝图，是学校实施人才培养工作的纲领性文件，对人才培养质量的提高具有重要导向作用①。专业人才培养方案是对于学生德智体美全面发展，知识、能力、素质全面培养全过程的整体设计。这个整体设计包括第一课堂与第二课堂、课内与课外的统筹安排。专业人才培养方案以教学计划作为主体部分，并使教学计划与其他各个部分之间有机联系和密切配合。

调查结果显示，课程设计的合理性以及教学效果的有效性对就业的专业匹配度有着重要的影响。在课程设计的合理性方面，以航海技术专业为例，5 门专业核心课程的满足度均达不到重要度，意味着课程设计达不到预期的教学效果，且课程设计列为核心课程的“船舶管理（驾驶）”认可度只有 29.03%。在教学效果的有效性方面，总体满意度只有 64.79%，究其原因，多数学生认为“课程无法调动学生学习兴趣”“专业实习和实践环节不够”和“课程实践课时少”为最主要的原因，分别占被调查人数的 65.35%、65.35% 和 55.77%。由此可见，2014 届工科专业人才培养方案不尽合理，在课程设计与教学效果上未达到预期

① 刘英，王治金．人才培养模式改革的研究与实践［M］．哈尔滨：哈尔滨工业大学出版社，2010.

效果，直接影响就业质量的提升。

（二）学生方面：职业生涯规划不够明晰

职业生涯规划是指针对个人职业选择的主观和客观因素进行分析和测定，确定个人的奋斗目标并努力实现这一目标的过程。换句话说，职业生涯规划要求根据自身的兴趣、特点，将自己定位在一个最能发挥自己长处的位置，选择最适合自己能力的事业。职业定位是决定职业生涯成败的最关键的一步，同时也是职业生涯规划的起点。

调查结果显示，职业生涯规划是否清晰影响到职业理想的实现，即职业能否达到所期望的状态。在“专业匹配度”这项调查中，多数学生认为就业岗位与专业不相关的最主要原因是“专业工作不符合自己职业期待”，占41.23%；在“职业期待吻合度”这项调查中，多数学生认为实际工作与职业期待不吻合的原因是“不符合我的职业发展规划”，占70.18%；对就业现状不满意的前三个原因是“收入低”“工作环境条件不好”和“发展空间不够”，分别占27.16%、27.16%和23.46%；离职的前三个原因是“个人发展空间不够”“薪资福利低”和“想改变职业或行业”，分别占66.67%、46.67%和35.83%。由此可见，部分2014届工科专业毕业生未进行明晰的自身职业生涯规划，导致对就业现状不满意而离职。

三、构建工科专业人才培养新模式

（一）培养目标围绕社会需求，教学内容参照职业标准

培养目标是教育目的在教育机构的具体化，而人才需求指的是社会在一定时期和一定范围内的人才需要能力。高等教育的目的就是为社会提供所需求的人才。当前，人才供给与需求出现了失衡，高校毕业生就业日益严峻，而用人单位却难觅人才，高校人才培养目标出现偏差是其根本原因。社会需求的是应用型人才，而多数地方高校的教育目的是培养高级科研管理人才。应用型人才培养注重的是学生能将专业知识和技能熟练地应用于所从事的专业社会实践，而高级科研管理人才培养更注重的是学生能拥有丰富、系统的理论知识并在此基础上有新的

发明创造。培养目标与社会需求之间鸿沟的消除需要高校根据社会需求变化做出调整来实现。培养目标只有围绕社会需求，才能解决人才供给与需求之间的矛盾，最终帮助学生实现高质量的就业。

教学内容是教学过程中同师生发生交互作用、服务于教学目的达成的动态生成的素材及信息，包括课程标准、教材和课程等等。职业标准是指在职业分类的基础上，通过科学地划分工种，对工种进行分析和评价，根据各工种对知识和技能水平的要求，对其进行概括和描述从而形成的职业技能准则。地方高校教育目的主要是培养社会所需求的应用型人才，社会所需求的应用型人才是能够完成岗位职责的人员。因此，教学内容的设计应紧扣岗位职责对任职条件的要求。如某公司招聘计算机科学与技术专业人才，岗位职责描述为“负责维护公司内部网络及设备的正常运作，确保网络畅通；负责公司桌面设备（计算机、打印机、传真机等办公设备）的日常软硬件维护及故障排除；负责公司局域网及软硬件设备（交换机、集线器、路由器、防火墙等设备）的维护和管理”等，任职条件描述为“计算机相关专业，大专及以上学历；精通 Windows 操作系统，以及办公设备软件、硬件管理；具有较强的分析、判断和概括能力，以及较强的逻辑思维能力。”教学内容制定只有与职业标准同步，才能帮助学生顺利地走上就业岗位。

（二）教学活动融入生产过程，专业教师结合技术专家

教学活动是施教者在一定教学环境中通过合适的教学内容和恰当的教学方法对受教者进行教学，从而达到教学目的的过程。生产过程是指从投料开始，经过一系列的加工，直至成品生产出来的全部过程。在生产过程中，主要是劳动者运用劳动工具，直接或间接地作用于劳动对象，使之按人们的预定目的变成工业产品。教学活动融入生产过程，是教学方法新的革新，尤其是情境教学法的应用。情境教学法注重的是场景带给学生的态度体验，传统的情境教学法只能通过创设具有一定情绪色彩的、形象生动具体的场景，引起学生一定的态度体验，这种场景归根结底只是一种虚拟的场景。而生产过程能将真实场景呈现给学生，对学生理解理论知识、提高实际操作能力都有着不可替代的作用。

专业教师是指受过专门教育和训练的人，并在教育（学校）中担任教育、教学工作的人，表现为通过学历体现的知识拥有者。技术专家指在技艺方面有专

门研究或特长的人，表现为通过职业资格证书体现的知识应用者。专业教师结合技术专家，意即将知识拥有者与应用者紧密联系起来，学生可从理论与实践两个不同的角度与标准接受到更全面的教育，最终体现为专业能力的迅速成长。

（三）实习岗位连通就业岗位，学校考核加入企业评价

实习是把学到的理论知识拿到实际工作中去应用，以锻炼工作能力。通过实习，学生可以验证自己的职业抉择，了解目标工作内容，学习工作及企业标准，找到自身职业的差距。就业是指在法定年龄内的有劳动能力和劳动愿望的人们所从事的为获取报酬或经营收入进行的活动。顶岗实习是学校组织在校学生实习的一种方式，它能使学生完全履行其实习岗位的所有职责，对学生的能力锻炼起很大的作用。通过顶岗实习搭建学生的就业平台，意即将实习岗位与就业岗位相连通，在提升学生就业能力的同时，帮助学生走出就业迷茫并尽早适应职场，减少离职率，增加就业稳定性。

学校考核注重的是教学评价，是依据教学目标对教学过程及结果进行价值判断并为教学决策服务的活动，是对教学活动现实的或潜在的价值做出判断的过程，包括对教师教学工作（教学设计、组织、实施等）的评价即教师教学评估（课堂、课外）和对学生学习效果的评价即考试与测验。企业评价注重的是员工考核，是公司或上级领导按照一定的标准，采用科学的方法，衡量与评定员工完成岗位职责任务的能力与效果的管理方法，其主要目的是让员工更好地工作，为公司服务。学校考核侧重的是对学习效果的评价而非知识应用能力的评价，企业评价侧重的是员工完成岗位职责的情况而非知识掌握的评价。学校考核加入企业评价，意味着既考核学生对知识的掌握程度，又考核学生对知识的应用能力。两种评价方式的结合有利于促进学生综合能力的培养，增加就业机会。

（四）强化职业生涯规划教育，提升职业生涯规划能力

职业生涯教育是有目的、有计划、有组织的培养个体规划自我职业生涯的意识与技能，发展个体综合职业能力，促进个体职业生涯发展的活动，是以引导个体进行并落实职业生涯规划为主线的综合性教育活动。其目的就是要使大学生树立明确的职业发展目标与职业理想，引导学生正确认识自身的个性特质，有效地

评估个人目标与现实之间的差距、现有与潜在的资源优势，帮助学生对自己的价值与实际相结合进行职业定位，搜索或发现新的或有潜力的职业机会①。

高校可通过开设必修课程、举办规划讲座、组织规划大赛和开展职业访谈等方式提升学生职业生涯规划能力。一是开设职业生涯规划必修课程。职业生涯规划课程引导学生关注与其一生密切相关的未来职业，引导他们树立职业生涯规划意识，学会从自身兴趣、爱好、性格与价值观去探索未来想要从事的行业、职业，最理想的结果是能将爱好变成自身职业。二是邀请人力资源专家举办讲座。人力资源专家作为专业从事人才与岗位合理配置的人员，将岗位最需要的人才信息传递给学生，让学生提前关注到社会需求，有助于他们在校期间为使自己的能力更符合社会需求而做好充足准备。三是组织职业生涯规划大赛。大赛是实践活动的一种方式，既能提高学生交流、沟通以及表达等通识能力，又能让学生的职业生涯规划得到更好的论证与指导，提高他们职业生涯规划的质量。四是开展职业生涯规划访谈。通过访谈师兄、师姐的职业经历，以他们的现身说法分享职业体验，能让学生提前感受到职业的机会与挑战。

第三节　职业发展与就业指导服务体系构建

党的十九大报告明确提出，要实施人才强国战略，加快建设人才强国，习近平总书记多次强调人才是第一资源。2019 届高校毕业生人数达 834 万人，虽总量大增，但当前经济面临下行压力，外部环境复杂严峻，人才供求之间的结构性矛盾依然突出。2019 年政府工作报告提出："就业优先政策要全面发力。就业是民生之本、财富之源……当前和今后一个时期，我国就业总量压力不减、结构性矛盾凸显，新的影响因素还在增加，必须把就业摆在更加突出位置，稳增长首要是

① 祁立新．新编大学生职业发展与就业指导[M]．成都：电子科技大学出版社，2015.

为保就业。"[①] 构建高校职业发展与就业指导服务体系是高等学校突破人才就业难题的重要环节，笔者将从社会人才需求的角度对构建高校职业发展与就业指导服务生态体系进行新的理论梳理与实践探索。

一、高校人才供需情况的现状

（一）人才供应与职位需求存在结构性矛盾

我国自 1998 年扩招以来，高校毕业生人数呈现极速增长的状态，从 2002 年的 145 万增加到 2019 年的 834 万，增幅达 575%，高校教育从"精英化教育"转变成"大众化教育"。随着我国改革开放的不断深入，产业人才需求也呈现出大幅增长的趋势，尤其是第三产业中某些行业人才需求增幅明显，高校人才供应数与人才需求数出现齐增长的态势，总体供求形势缓和，但职位竞争程度与供求比两极分化严重，结构性矛盾依然突出。以广西为例，根据 2018 年广西人才网提供的大中专院校毕业生供求数据，在 52 个主要职位类别中，最高、最低的供求比分别为 6.47（见图 3 - 3）、0.04（见图 3 - 4），供求比高的集中在相对稳定的职业类型，而业务类和服务类职位依旧不受毕业生青睐，存在较严重的毕业生短缺现象，如毕业生缺口最大的销售类职位，毕业生供求比仅为 0.04，人才需求缺口高达 41754 人，其缺口主要集中在销售代表、推销员/业务员、销售助理等业务性质的职位，市场/营销/策划/推广类职位的毕业生缺口仅次于销售类职位，其缺口主要集中在市场/营销专员/助理和市场推广专员等业务性质的职位。

① 中国政府网．2019 年政府工作报告［EB/OL］．http：//www.gov.cn/zhuanti/2019qglh/2019lhzfgzbg/mobile.htm.

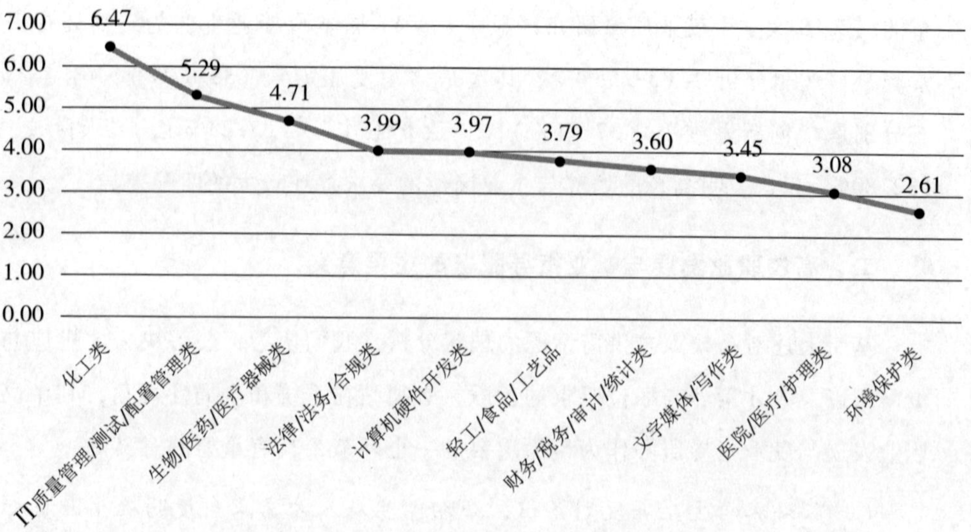

图 3-3　2018 年度广西人才网联系统大中专院校毕业生供求比前十位①

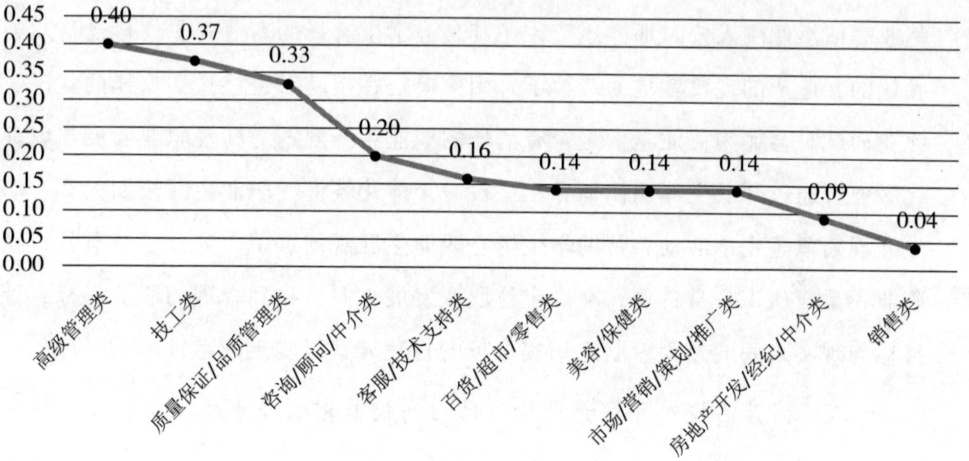

图 3-4　2018 年度广西人才网联系统大中专院校毕业生供求比后十位②

（二）人才素养与职位要求匹配度存在差距

人才素养与职位要求是否匹配是影响人才顺利就业的关键。新锦成研究院发

① 数据来源：2018 年度广西人才网联系统大中专院校毕业生供求情况分析。

② 数据来源：2018 年度广西人才网联系统大中专院校毕业生供求情况分析。

布的《2018大学生就业质量研究》显示，2017届本科毕业生认为最需要提升的素养是“逻辑分析”（39.55%），其次是“承受压力”（38.97%），第三、四、五分别是“创新思维”（37.71%）、“独立工作”（37.28%）、“人际交往”（32.80%）。这表明高校的培养与企业岗位的要求存在较大的匹配差异。

二、高校职业发展与就业指导服务的重要意义

基于上述对高校人才供需情况的现状分析，我们认为，要解决人才供应与职位需求以及人才素养与职位要求的矛盾，必须站在系统和全局性视角，其中高校职业发展与就业指导服务作为最为重要的一个环节，具有重要的意义。

（一）培养学生生涯规划意识，帮助学生从人才需求角度明确生涯目标

高校学生“就业难”，更多的时候，难的不是找不到工作，而是找不到适合自己的工作。甚至有的大学生毕业时，连自己想找一个什么样的工作都不知道，就业时依然像刚入校时那样迷茫，尤其是当学生选择的专业并非他自己喜欢或能胜任的，迷茫的现象就更为严重了。用人单位在招聘时也注意到这样的状况，因此在面试时会尤为关注学生是否有清晰的职业生涯规划。高校职业发展与就业指导服务可通过开展生涯团体辅导、一对一个体化咨询、职业生涯规划大赛、职业生涯规划节等主题活动，帮助学生树立职业生涯规划意识，充分了解自我，认知职业，重新认识自身价值，准确定位职业发展方向，找到合理的职业目标，评估目标与现实之间的差距，制定切实可行的行动方案以实现既定目标。

（二）提升高校人才培养质量，助力高校着重综合素质培养

高校学生“就业难”，有时候难的不是“就业率”，而是就业质量。就业质量的评价除关注就业率外，更关注薪资、专业匹配度、职业期待度、职业发展前景、工作发展前途、离职率等指标，而就业质量又与人才培养质量息息相关。提高学生的学习内驱力是提升教学效果的重要一环。“为何而学?”“学什么?”“怎么学?”“学之后有何用?”“用在哪儿?”这一系列的问题让学生的学习缺乏目标性，难以激发内在强烈的驱动力，学习效果不尽如人意。高校职业发展与就业指导服务可通过开展以《为自己工作到最好》《知己知彼：洞察自我与他人的心理

秘诀》《5分钟打动人心》等读本为主的拆书或主题读书分享会活动，帮助学生突破障碍、开发潜能、自我实现。在人生理想目标的指引下，学生积极向上的学习内驱力被充分调动，能大幅度提升学生学习效能与教育教学效果，实现人才培养质量与就业质量的同步提升。

三、高校职业发展与就业指导服务的主要问题

高校职业发展与就业指导服务的建设对于解决人才供需两难问题具有重要的意义，但目前各高校职业发展与就业指导服务的发展参差不齐，在快速蓬勃发展的同时也存在亟待解决的问题，主要表现在以下两方面：

（一）目标定位模糊

高校职业发展与就业指导服务的建设必须有一个合理的目标定位，定位的精准与否直接决定着能否按照它本身应该具备与达到的功能实现价值，但目前高校职业发展与就业指导服务在目标定位上相对是模糊的。就业指导服务中心的职责更多聚焦在就业管理与市场建设的职能上，对就业质量的关心反倒较少，造成目标定位不准，工作重心不明。

（二）服务能力不足

师资水平与服务内容是保障高校职业发展与就业指导服务良性循环的关键环节。目前高校职业发展与就业指导队伍一般由就业职能部门和二级学院的辅导员队伍组成，这个群体的普遍特点是他们的职业发展路径是“从学校到学校”，本身缺乏社会阅历，对其他行业的职业知识了解甚少，这就直接决定了他们在为学生提供服务时更多是理论上指导，缺少实践上的“干货”，缺乏人才培养的逻辑性与完整性，难以形成学生成才的“闭环”。

四、高校职业发展与就业指导服务体系的构建

针对高校职业发展与就业指导服务存在的主要问题，为提升就业质量，最终从根本上解决人才供需两难的问题，实现人才强国战略，需系统化、体系化地构建“三位一体”高校职业发展与就业指导服务生态体系（见图3-5）。

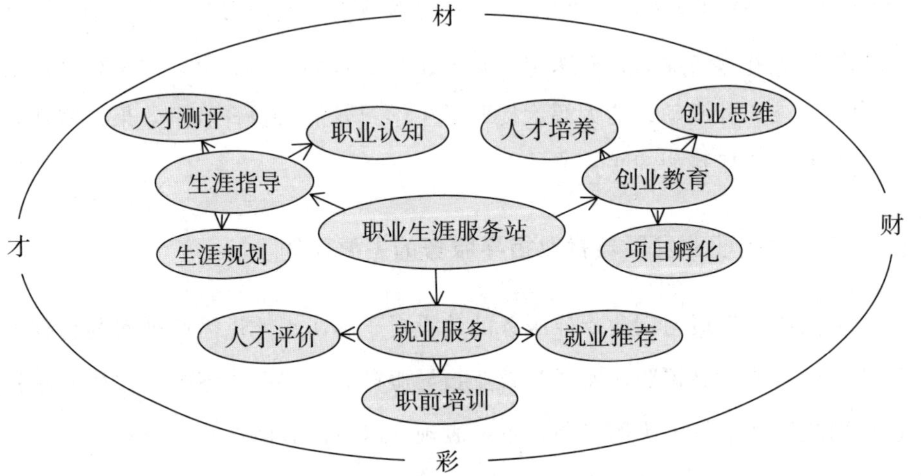

图 3-5　“三位一体”高校职业发展与就业指导服务生态体系图

高校职业发展与就业指导服务体系以建设职业生涯服务站品牌为核心，目标是为学生职业生涯提供答疑解惑与成长路径指引，具体包括提供个性化职业生涯规划与就业创业能力成长服务、提供“一对一”职业成长与就业创业咨询指导服务以及提供实习实训机会与职前培训平台，帮助学生实现“人才—材料—财富—出彩”的人生理想。体系基本内容包括：一个具有就业管理、市场建设与指导服务功能的精准就业服务云平台，一个可以进行课程直播与远程招聘的高清视频远程平台，一套可以进行职业兴趣、性格、价值观、能力测评的职业测评软件系统，一个包含学生就业意愿、企业用工需求以及专业咨询师资队伍的大数据库，一个可以为学生提供专业认知、学业规划与职业指导的咨询室，培训一支专业化、职业化、专家化的就业指导师资队伍，开发一套内容包含生涯规划、创业基础与就业指导内容且面向非人力资源专业学生的教材。服务具体内容如下：

（一）生涯指导

1. 人才测评

人才测评是通过一系列科学的手段和方法对人的基本素质及其绩效进行测量和评定的活动，并将其应用在组织发展与人才管理等企业管理领域。针对入校大学生的人才测评主要关注他们的自我认知和发展，测评内容包括职业兴趣、职业性格、职业价值观、就业能力等[1]。职业兴趣是职业选择中最重要的因素之一，它具有强大的精神引领作用。对于缺乏职业经验的大学生来说，职业兴趣测评更有助于他们做好职业设计，基于兴趣做好职业调整。受高考体制的影响，我们在相当长的时期里把对学生好坏的评价标准聚焦在成绩、分数等知识测试下，对于学生的个性特征、兴趣爱好、特长优势关注过少，导致学生忽略了个性的成长，一旦进入大学，目标瞬间发生改变，出现了普遍迷茫的现象。职业生涯服务站可通过职业兴趣、职业性格等工具对刚入校的新生进行测评，帮助他们对自身的兴趣、性格、价值观与就业等方面有更为全面深刻的认识，挖掘自身潜在的优势与特长，为做好大学期间的学业、职业、生涯规划奠定坚实的基础。

2. 职业认知

职业认知主要是对职位定义、任职资质、工作内容与任务职责、工作考核要求、知识背景、大学课程、职业技能、从业资格、工作环境、薪酬待遇、发展路径、就业趋势等的认识。我国学生参加社会实践较少，对职业的认知力不强，多数停留在课本的理论认知或间接经验的传递层面。职业生涯服务站可通过以下路径增强学生对职业的认知：一是通过职业认知数据库的建设，增加学生对职业理论的理解；二是通过邀请企业人士介入培养过程，引领学生成长；三是分年级分专业组织学生到用人单位顶岗实习或见习。

3. 生涯规划

生涯是生活里各种事态的演进方向和历程，它统合了人一生中的各种职业和生活角色，由此表现出个人独特的自我发展形态。生涯也是人生从青春期到退休之后，一连串有酬或无酬职位的综合体，包括任何与工作有关的角色，以及身为子女或父母、学习者、公民、休闲者等角色[2]。生涯规划并不简单等同于找工作，也不仅仅只与工作相关，是一个人根据主客观条件，在充分了解自己的兴趣、性格、能力、价值观后，结合自己的职业倾向进行分析与权衡，确定最理想的职业奋斗目标，并为目标的实现做出切实可行的安排。职业生涯服务站可通过

---

① 孔欣欣，缑院君．新时期地方高校大学生就业指导教育改革探索[J]．中国大学生就业，2018（22）：49－53.

② 沈之菲．生涯心理辅导[M]．上海：上海教育出版社，2000：3.

建立一支校内外专业化、职业化、专家化的就业指导专兼职师资队伍，依托信息咨询互动平台，以班级为单位，为每个班配备一名校内校外导师，根据学生的个性化需求，为学生提供线上或线下的常态化职业生涯规划咨询服务，帮助学生做好生涯规划①。

（二）创业教育

1. 人才培养

人才培养指对人才进行教育、培训的过程。被选拔的人才一般都需经过培养训练，才能成为各种职业和岗位要求的专门人才，这里的人才培养特指专业技能之外的就业职业以及创新创业等综合素质的培养。职业生涯服务站可通过制定科学合理的“就业职业教学计划”，帮助大学生整体全面地提升素养，提高就业竞争力，满足职位要求。

2. 创业思维

创业思维对于未来学生保持求知热情与创新追求、关注自身资源并从资源出发形成有价值的想法具有重要意义。创业思维让学生明白从 0 到 1、从无到有的过程并不轻松，但一旦通过行动创造出来，其价值将会实现几何级数的倍增。高校职业生涯服务站可通过创业思维训练营或工作坊，建立学习小组，引导学生学会用客户思维、团队思维、创新思维、系统思维、逆向思维、整合思维六大创业者必备思维来思考与解决问题。

3. 项目孵化

创业项目孵化是将想法落实到行动的重要载体。学生的创意设计方案必须经过行动验证才能去伪存真，并在验证的过程中收获理论学习构想中得不到的可靠技能与丰富经验。职业生涯服务站可通过建立学校 社团—团队二级孵化机制，将项目来源锁定在社团。大学生社团是学生自愿组织的群众性团体，学生多数因兴趣爱好或技能特长加入社团，且具有不同的学科专业背景，在团队建设方面比班级内组队更容易达到知识技能互补的优势，因此基于社团的团队产生创意并进行孵化具有更强的现实可行性，更易达成通过创业教育育人成长的人才培养目标。

① 孔夏萌．高校职业生涯教育课程研究［D］．重庆：西南大学，2013.

（三）就业服务

1. 人才评价

人才评价是国家引进优秀人才的重要手段，是运用市场配置资源发现人才的方式，也是激励人才干事创业的导向机制①。一方面，国家实施人才强国战略以来，通过科学评价机制，形成了人才引领发展的好局面。对用人单位而言，发达国家50%以上的企业采用人才评价的方法选拔应聘者。我国自1988年上海出现第一家社会化人才评价机构以来，人才评价迅速遍及全国。各高校职业生涯服务站可通过购买如AMCAT全球标准化职业能力测评等工具，对毕业生进行能力测评，为同学们提供科学全面的职业评估，并依托服务站的专家对每位学生提供定制化的职业规划指导。用人单位可参照测评报告结果，增加对各毕业生能力的全方位了解。

2. 职前培训

职前培训在美国和日本等国家非常成熟，很多青年学生在初等教育、中等教育结束后，都自愿接受职业教育或培训，费用由家庭或个人承担；而我国的职前培训还没有形成体系，滞后约20年。教、考、训、用的人事管理体制内，人事任用的前提就是培训。职前培训的目的就是使即将开始第一份工作的大学生接受较为全面系统的职业生涯规划、职业技能以及职业素养培训，成为适应劳动力市场需求的合格劳动者②。职业生涯服务站可通过开设系列具有品牌文化内涵的理论课程与实践活动，系统化、体系化地对大学生进行职前培训。理论课程包括自我认知、职场沟通、社交礼仪、公文写作、目标制定、时间管理、有效执行、团队协作、客户意识、质量意识、成本意识、人脉开发、求职准备、面试技巧、就业政策、权益保护等；实践活动包括主题沙龙、专业研讨会、主题洽谈会、微论坛、主题赛事如面试模拟大赛、参观企业、岗位体验、实习锻炼等。通过理论课程与实践活动的相辅相成，帮助大学生更加精准全面地提升自身的职业素养与就

---

① 李伟．关于培养大学生就业能力的探讨综述[J]．经济研究参考，2018（12）：45－54.

② 梁榕，薛峰．基于供需双向数据研究的大学生就业指导模式设计[J]．中国成人教育，2018（12）：57－60.

业能力，达到提前职业化的目标。

3. 就业推荐

就业推荐是将合适的人才推荐到适合的岗位，是实现人才与岗位匹配的最关键一环。就业推荐要解决的核心问题就是“岗位招到合适的人、人找到合适的岗位”。职业生涯服务站可通过建立学生就业意愿、企业用工需求大数据库的方式，精准地为学生提供就业推荐服务；可通过建设远程招聘室为企业和学生提供面试洽谈服务以减少企业招聘与学生求职成本；可通过举办现场招聘会、网络招聘会、院系级招聘会、行业产业类以及区域性招聘会，丰富招聘活动形式，提高招聘精度与效度；通过走访校友企业、校企合作企业、人社部门建立的就业基地来开拓新的就业岗位；通过举办校企交流会，共同探讨招聘过程中企业、学校与学生遇到的问题并找到相应的对策，提高就业推荐质量。

五、高校职业指导人员的职业素养提升

职业指导人员，顾名思义，是指为求职者就业、职业发展和单位合理用人提供咨询、指导及帮助的人员。职业指导是一门综合性、系统性很强的交叉学科，囊括了教育学、心理学、社会学、生理学、管理学等学科。在倡导创业带动就业的新时期，创业指导也成为职业指导人员的重要任务。

（一）职业指导与职业素养

《中国教育百科全书》中对“职业指导”的解释为：职业指导，亦称职业咨询或就业指导，指根据社会职业需要针对人们的个人特点以及社会与家庭环境等条件，引导他们较为恰当地确定职业定向、选择劳动岗位或者转到新的职业领域的社会活动，是沟通求职者和用人单位、教育部门和社会的有效途径。作为高校的职业指导，其目的在于帮助大学生了解就业形势与社会需求，利用职业测评软件认识自身的职业兴趣与个性特点，从而对大学生活以及毕业后的职业发展进行规划，按照大学生个人条件与求职意愿以及用人单位的要求，提供咨询、指导和帮助，实现大学生人职合理匹配的就业创业。高校将职业指导作为学校通识类教育的重要组成部分，其主要任务是让大学生学会设计、规划、选择职业；通过职业咨询与竞赛活动，激发职业潜能；树立职业意识、职业理想以及正确的就业

观、择业观，懂得职业道德；提高求职能力与应聘技巧等。高校职业指导人员围绕以上宗旨与任务，通过就业指导课程的开设与职业指导咨询室等的建立，开展对大学生的职业指导活动。

职业素养是指职业内在的规范和要求，是在职业过程中表现出来的综合品质，包含职业道德、职业技能、职业行为、职业作风和职业意识等方面。很多企业界人士认为，职业素养至少包含两个重要因素：敬业精神及合作态度。其核心内容包括职业信念、职业知识技能和职业行为习惯，具体表现为职业道德、职业意识、职业行为习惯和职业技能。高校职业指导人员的职业素养也体现在这些方面，比如爱岗敬业、丰富的职业指导知识技能、良好的职业指导行为等。

（二）高校职业指导人员职业素养现状

1. 职业指导人员非专业化

我国高校职业指导人员以兼职教师居多，兼职教师多数需要完成日常行政工作，比如就业指导服务的行政人员、教学院系的辅导员等，行政事务繁杂。有的学院虽成立了就业创业指导教研室，但专业从事就业创业指导教学的教师甚少，多以招就处、学工处、团委、二级学院辅导员兼任为主。职业指导人员的非专业化对职业指导人员职业素养的塑造在时间与精力的投入上造成了困扰。

2. 职业指导人员知识储备不足

职业指导是一门交叉学科，目前尚未设立职业指导专业。职业指导人员的专业背景相当复杂，比如思想政治教育专业、教育学专业、心理学专业、管理学专业等，虽然每个职业指导人员在自身的专业领域研究较深入，但是在其他领域相对薄弱，而指导对象的需求广泛，往往需要反馈给他们的不只是某一个专业领域的问题，而是一个完整的就业、创业和职业发展的指导，这对职业指导人员的知识储备提出了更高的要求。目前高校职业指导人员的专业背景相对单一，职业指导人员的知识储备尚难以应对复杂多变的社会经济发展形势带给就业创业者的迷茫与困惑。

3. 职业指导人员指导技能不够

职业指导与其他学科的教学指导活动存在较大差异，它不只是理论知识的传授，更多的是现实问题的指导，在这个指导过程中学生是主动参与者，同时他们的需求千差万别、因人而异，职业指导人员对心理知识的运用以及沟通技巧需要相当熟练，同时必须精通某些关键技能如职业生涯设计、就业指导、创业咨询等。目前高校的职业指导人员由于非专业化与知识储备等原因，职业指导人员指导技能显得力不从心。

4. 职业指导人员实战经验缺乏

职业指导是一门实战应用型学科，职业指导人员的实践经验显得尤为关键。目前高校职业指导人员到企事业单位实践的时间与机会相对较少，职业指导活动运用间接经验较多，而间接经验的真实性、生动性、有效性与直接经验的效果存在差距。职业指导人员实践经验的缺乏对职业指导活动的开展造成了阻碍。

（三）高校职业指导人员职业素养提升路径

针对高校职业指导人员职业素养所面临的现状，结合高校职业指导人员的目标和任务，笔者认为，高校职业指导人员职业素养的提升路径可以从以下几个方面着手：

（1）把职业指导人员纳入专业教师队伍，通过制度的保障，推动职业指导人员向专业化转变。职业指导人员在高校的教师专业发展中处于边缘地位，兼职教师若想在职业指导方向发展，也只能纳入思想政治教育范畴。这极大地挫伤了职业指导人员的积极性与热情，这种边缘化的现状，让他们难以真正地将职业指导工作作为自身专业发展的方向。

教育主管部门和高校应出台相应的制度和措施，把职业指导人员纳入专业教师人才范畴之内，比如在职称评定上给予专门评定，并让职业指导人员享有与其他专业教师一样的教师地位，通过制度的保障以及措施的鼓励，推动职业指导人员成为职业指导领域的专业化教师队伍。

（2）积极组织职业指导人员参加职业指导培训，促进职业指导人员增加知识储备、提升指导技能。在职培训对于职场中的职业人有着非常重要的作用，只有通过培训不断学习，才能有效地增加知识储备并予以更新，相应的技能也能在这个过程中得到锻炼与提高。

高校可以通过“请进来，送出去”的方式来促进职业指导人员增加知识储备，提升指导技能。一是请职业指导专家、企事业单位的人力部门主管等到学校做报告、讲座，将外面丰富的职业指导经验带给高校的职业指导人员；二是将高校的职业指导人员送到外面的职业指导培训机构参加培训，比如培训职业指导师、心理咨询师等，拓宽职业指导人员的专业背景。通过以上两种方式，促进高校职业指导人员增加知识储备、提升指导技能。

（3）推荐职业指导人员到企事业单位挂职锻炼，积累实践经验，提升职业指导人员的实战水平。挂职锻炼对于职业指导人员了解基层、触摸社会现实有着直接的帮助，可以更直接、更生动、更具体地感受到社会经济的变化与需求，成为职业指导人员实践指导的坚实支撑。职业指导作为实战应用型的工作，自身对社会必须有一定的直接接触与认知，否则职业指导工作容易陷入僵局。

高校通过与外面企事业单位的合作，推荐职业指导人员定期进行一段时间的挂职锻炼，将高校与企事业单位之间的桥梁通过职业指导人员架接起来，促进校企之间的沟通与合作，为培养符合社会需求的人才提供更有价值的指导与帮助。

（4）职业指导人员自身增强职业信念意识，真正把职业指导工作作为自身热爱的事业来探索与发展。职业信念作为每一个职场人的职业素养核心，包含了良好的职业道德、正面积极的职业心态和正确的职业价值观，这也是一个成功职业人必须具备的核心素养。良好的职业信念由爱岗、敬业、忠诚、奉献、正面、乐观、用心、开放、合作及始终如一等这些关键词组成。

高校职业指导人员有责任将职业指导工作作为自身的事业来发展与探索，这不仅仅是职业指导人员对自身的要求，也是学生、高校以及社会对职业指导人员的期望。

第四节　人才强桂战略下广西高校大学生非专业素质培养体系的构建

2004 年 2 月，为解决制约广西发展的人才瓶颈，广西壮族自治区党委、政府召开新中国成立以来的第一次全区人才工作会议，提出实施人才强桂发展战略，标志着经济社会发展模式开始转入人力资本优先的新阶段。广西高校承担着培养高素质人才的重要任务，在人才强桂战略背景下，应以社会人才需求为导向，构建相应的素质培养体系，为广西的跨越式发展提供人才支撑。

一、大学生非专业素质培养现状

笔者通过调查广西高校大学生非专业素质培养的现状，来探讨我国大学生非专业素质培养存在的普遍问题。

（一）广西高校大学生非专业素质培养的自我评价

为了解广西高校大学生非专业素质培养的现状，笔者设计了“大学生非专业素质培养情况调查问卷”，问卷通过“问卷星”网站发布的方式采集。共有535名大学生参与了调查。

1. 大学生对非专业素质培养重视程度较高

受访的学生有78.38%表示重视个人非专业素质的培养，有16.22%表示非常重视个人非专业素质的培养，只有5.40%的同学表示不重视或无所谓。

2. 大学生对个人非专业素质评价普遍不高

受访的学生仅有29.73%认为个人非专业素质较好或很好。其中，认为敬业精神较好的有75.68%；认为乐于助人、品格较好的有70.27%；认为执行能力较好的有62.16%；认为团队协作能力较好的仅有43.25%；认为领悟能力较好的仅有37.84%；认为个人情绪管理能力较好的仅有35.13%；认为组织管理能力较好的仅有35.14%；认为沟通表达能力较好的仅有35.13%；认为自主学习能力较好的仅有32.43%；认为创新能力较好的仅有24.33%。

（二）用人单位对钦州学院毕业生非专业素质的评价

为了解用人单位对广西高校大学生非专业素质的评价，以钦州学院（现为北部湾大学）为例，笔者设计了“用人单位对钦州学院毕业生质量和就业服务工作的评价问卷”，问卷通过“问卷星”与回访用人单位相结合的方式采集。共有483家用人单位参与了调查。

1. 用人单位在招聘时最注重的是心理素质等非专业素质

受访的用人单位表示：招聘时最注重的素质是心理素质，占 43.48%；认为性格特点重要的占 38.30%；认为社会实践经历重要的占 37.27%；认为思想政治素质重要的占 29.40%；认为学科专业对口的占 18.84%；认为学生干部经历重要的占 11.39%；认为所获资格证书（计算机、英语等）重要的占 8.70%；最不看重的是学习成绩，占 5.59%。具体情况如图 3－6 所示：

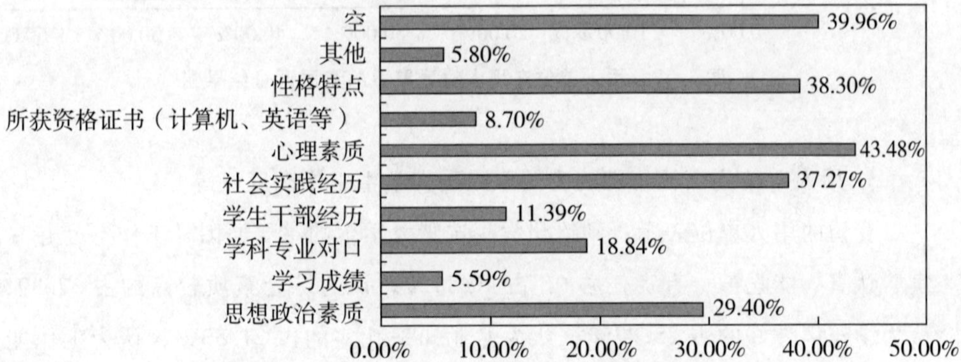

图 3－6　用人单位在招聘时最注重的素质调查结果图

2. 用人单位在用人时最看重的是沟通表达等非专业素质

受访的用人单位表示：用人时最看重的是沟通表达能力，占 53.00%；认为团队合作能力重要的占 46.38%；认为分析解决问题能力重要的占 43.69%；认为抗压能力重要的占 42.86%；认为适应能力重要的占 40.17%；认为自主学习能力重要的占 37.06%；认为创新能力和组织管理能力重要的占 30.02%；最不看重的是文字表达能力，占 18.43%。具体情况如图 3－7 所示：

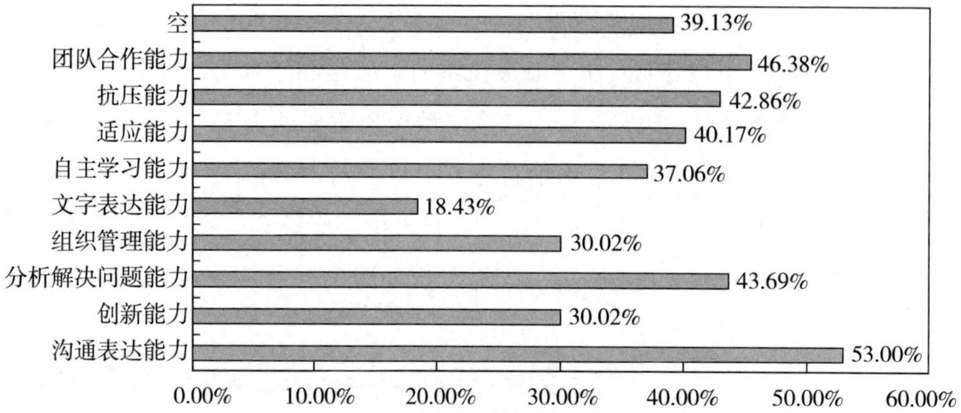

图 3-7　用人单位在用人时最看重的素质调查结果图

3. 用人单位到高校招聘的主要原因是大学生工作态度好等

受访的用人单位表示：到钦州学院选聘大学生的主要原因是工作态度好（踏实、认真、能吃苦、有责任心），占 40.17%；认为综合素质较高的占 37.89%；认为学校声誉好的占 25.47%；认为专业知识扎实的占 21.53%；认为工作能力强的占 19.88%；认为忠诚度高的占 18.43%；认为创新能力突出的占 13.66%。具体情况如图 3-8 所示：

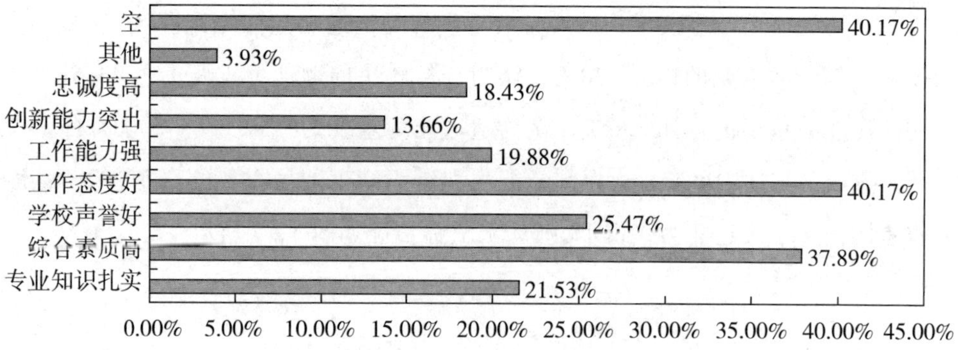

图 3-8　用人单位到高校招聘原因调查结果图

二、广西高校大学生非专业素质培养现状的问题透视

（一）课程内容设计与教学活动实施需紧扣社会人才需求

当前，全国的地方高校都面临着向应用型转型的艰巨任务。人才培养向应用型转变，课程内容设计需突出“知识输出导向”，教学活动实施需紧扣社会人才需求。调查结果显示：大学生认为高校在培养学生非专业素质方面存在着诸多问题，如有75.68%认为教学方式单一，有67.57%认为学生活动较少，有62.16%认为勤工助学名额稀少，有59.46%认为缺少合适的兼职岗位，有56.76%认为就业实习形式化，有54.05%认为课程内容陈旧、缺乏创业实践平台，有40.54%认为竞赛指导不够，有27.03%认为专家讲座不多。由此可见，课程内容设计与教学活动实施等难以满足学生需求，即使学生很重视个人非专业素质的培养，但缺乏针对性更强的指导与实践，阻碍了学生提升非专业素质。

（二）专业素质提升与非专业素质培养需围绕职业发展目标

大学生综合素质由专业素质与非专业素质构成。高校教育的终极目标是培养能够满足社会需求的人才。随着科技的发展与社会的进步，需要更多复合型人才满足社会生存与发展的需要。社会普遍认为人才素质的构成通常由专业素质与非专业素质构成。专业素质往往被求职者夸大，而社会最看重的却是非专业素质，且素质表现与岗位要求相吻合。因此，无论是专业素质的提升，还是非专业素质的培养，都与个人未来的职业发展目标密切相关。调查结果显示：大学生普遍认为非专业素质对个人的职业发展很重要，其中，多数学生认为沟通交流能力、团队协作能力、组织管理能力很重要，分别占91.89%、89.19%、81.08%；而在个人非专业素质的自我评价里这三项却偏低，认为较好的分别占43.25%、35.14%、35.13%。由此可见，非专业素质培养与职业发展目标相脱节，将导致大学生综合素质难以适应社会需求。

三、构建广西高校大学生非专业素质培养的新体系

（一）高校层面：以社会人才需求为导向，开设非专业素质培养课程群

非专业素质培养的课程内容设计与教学实施活动应以社会人才需求为导向，

培养出符合社会人才需求的复合型人才。

在课程内容设计方面，专业素质课程与非专业素质课程应保持适当比例，并根据专业的不同特点有所补充。比如理工类专业增设大学语文等文科类课程，提升人文素养；所有专业开设大学生心理健康教育、思想道德修养与法律基础等通识必修类课程，增强心理素质与法律意识；所有专业开设职业生涯规划、就业指导、创业基础、创新与实践教育等通识必修类课程，激发职业与就业创业意识。通过开设通识类必修课程，对专业素质课程进行有效补充，形成非专业素质培养课程群，在理论层面提升大学生非专业素质。

在教学实施活动方面，教学形式应多样化，可考虑更多地通过体验式教学让学习过程变得生动有趣，寓教于乐，在愉悦中学习，在快乐中成长。同时，实践平台是提升非专业素质能力的重要平台，应尽可能地为大学生创造各类成长平台。在调查大学生非专业素质提升路径中，通过参加学生活动提高的占78.38%，通过课程学习、参加各类竞赛和创业实践提高的占62.16%，通过勤工助学、自学提高的占56.76%，通过就业实习提高的占51.35%，通过校外兼职提高的占45.95%，通过听专家讲座提高的占32.43%。因此，教学实施应注重通过形式多样的活动与平台为大学生培养非专业素质提供机会，如举办职业生涯规划节、就业创业文化节、就业创业竞赛活动、演讲比赛、营销比赛等，以赛代训，提高大学生非专业素质。

（二）学生层面：以职业生涯目标为导向，提升岗位所需的非专业素质

非专业素质培养应以职业生涯目标为导向，并围绕岗位需求，有的放矢地提升。职业生涯规划能帮助大学生突破内在和外在的障碍，开发潜能，并达到自我实现。有了规划，非专业素质的提升就有了方向，学生便能通过行动实现目标。

提升岗位所需的非专业素质，可通过以下三步实现。第一，参加职业生涯规划的课程学习与实践活动，帮助大学生树立合理的职业生涯规划意识，用意识推动行动，从被动转为主动，自主地利用职业生涯规划知识以及各类职业测评工具，认识自身的兴趣、性格、价值观以及能力，找到适合自身的职业生涯目标。第二，利用互联网提供的数据与资源，了解未来的职业世界，尤其是围绕自身的职业生涯目标探索岗位所需的非专业素质。第三，找到差距，补齐短板，提升自身的非专业素质以满足岗位需求。

第四章

“到校外”高质量职业生涯服务体系

——基于北部湾大学的实证研究

第一节　高校职业生涯服务体系建设的意义

根据新锦成研究院发布的《2018 大学生就业质量研究》①：2017 届不同学科门类毕业生就业满意度最高的 3 个学科门类分别是艺术学（60.36%）、教育学（57.41%）、法学（56.34%），最低的 3 个分别是理学（51.44%）、农学（49.44%）、历史学（48.03%）；2017 届本科毕业生对就业服务满意度的排名依次是就业手续办理 82.4%、就业帮扶与推荐（76.30%）、职业咨询与辅导（74.19%）、学校发布的招聘信息（68.97%）、校园招聘会/宣讲会（63.58%）、生涯规划/就业指导课（62.28%）；2017 届本科毕业生认为最需提升的素养排在前 5 的分别为逻辑分析（39.55%）、承受压力（38.97%）、创新思维（37.71%）、独立工作（37.28%）、人际交往（32.80%）。以上调查数据说明：大学毕业生的就业满意度不高、对生涯规划与就业指导课的满意度很低、综合素养与现实要求差距较大。建立科学的职业生涯服务体系能改善生涯规划与就业指导课的教学质量、培养大学生的综合素养，提升就业创业服务质量②。

2019 年政府工作报告③指出：“就业优先政策要全面发力。就业是民生之本、财富之源。今年首次将就业优先政策置于宏观政策层面，旨在强化各方面重视就业、支持就业的导向。当前和今后一个时期，我国就业总量压力不减、结构性矛盾凸显，新的影响因素还在增加，必须把就业摆在更加突出位置。稳增长首要是为保就业。”高校毕业生就业结构性矛盾的突出表现就是人才培养难以有效满足

① 新锦成研究院．2018 大学生就业质量研究［M］．北京：现代教育出版社，2018.

② 张继．我国高校大学生职业生涯规划教育服务机制研究［D］．成都：西南石油大学，2014.

③ 中国政府网．2019 年政府工作报告全文［EB/OL］．http：//www.gov.cn/zhuanti/2019qglh/2019lhzfgzbg/index.htm.

社会需求。建立科学的职业生涯服务体系能有效解决大学生专业、学业以及职业迷茫的问题，帮助他们树立正确的职业心态、确立合适的职业生涯目标、制定职业能力提升计划，缓解人才供需两难局面。

一、“到校外”高质量职业生涯服务体系的核心理念

大学生就业难、企业用工难，人才供需两难问题的核心还是高校培养出来的人才不能满足用人单位的岗位需要，而产生这一问题的根源在于“高校不了解社会、社会不了解高校”。在此背景下，广西到校外科技有限公司依托“北部湾经济区大学生就业创业”“北部湾经济区人才测评中心”两个省部级重大人才项目，围绕“学校是否已将学生职业发展与就业指导课程贯穿于整个人才培养体系，全面提升毕业生就业能力；是否拥有一支职业化、专业化、专家化就业指导教师队伍，能为在校生提供职业发展精准答疑解惑；职业锚明确的大学生学习锻炼资源是否唾手可得；就业市场是否需要拓宽，满足大学生目标就业城市的实习锻炼需求；我们的毕业生到企业是否受欢迎，欠缺差距能不能通过毕业生跟踪服务反馈学校，促进学校完善人才培养方案”这五个核心问题，建立了以实现大学毕业生高质量就业创业为目标的“到校外”高质量职业生涯服务体系（见图4－1)，帮助大学生实现“才—材—财—彩”的转变，实现职业生涯服务目标即“生涯不迷茫、发展有路径、成才有目标”，最终有效解决人才培养与社会需求结构性矛盾问题。

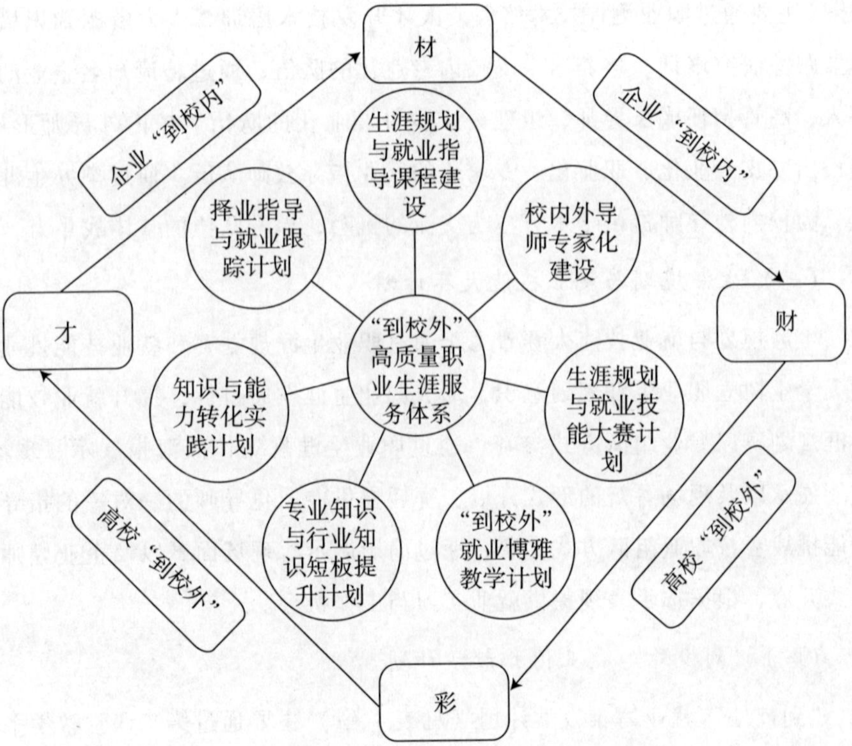

图 4-1 “到校外”高质量职业生涯服务体系图

（一）生涯规划与就业指导课程建设

生涯规划与就业指导课程建设，包括课程内容的职业化、教学方式的多样化、弹性的课程管理制度、专业高效的教师队伍建设以及科学合理的评价体系①。“到校外”生涯规划与就业指导课程建设着力于职业知识进教材、职前教育进班级、职业经理人进课堂以及企业高管进讲堂的四维模式，深化产教融合，多角度、立体化、全方位提升教学质量，弥补高校与企业之间的需求差距。

（二）校内外导师专家化建设

校内外导师专家化建设的目标是加强就业指导师资队伍的“专职化”建

① 孔夏萌．高校职业生涯教育课程研究［D］．重庆：西南大学，2013.

设[①]，主要通过职业测评技术培训、人才开发技术培训、人力资源知识培训以及就业跟踪研究培训，培养出一支校内专业化的队伍；通过聘请知名企业的职业经理人、高管担任成长导师，组建一支校外职业化的队伍。校内外导师形成合力，建设出一支专业化、职业化、专家化的就业指导教师队伍。通过举办生涯教育论坛，为校内外导师提供学术分享与交流的机会，提升队伍的整体战斗力。

（三）生涯规划与就业技能大赛计划

生涯规划与就业技能大赛着力于通过职业生涯规划赛和就业技能挑战赛，引领大学生树立职业生涯规划意识，形成职业生涯发展目标，提升就业技能。职业生涯规划赛以专业组队方式参赛，通过职业生涯规划作品海报展示、现场演讲、技能展示以及现场答辩的形式开展，赛后提供专家化导师的一对一的指导；就业技能挑战赛按职业组队方式参赛，通过简历展示、现场面试以及企业导师提问的形式开展，根据选手表现提供就业实习与工作机会。

（四）“到校外”就业博雅教学计划

“到校外”就业博雅教学计划（见表4－1）主要通过第二课堂教学平台，帮助大学生提升专业知识以外的素质能力，提高就业竞争力。

表4－1　“到校外”就业博雅教学计划

课程	第一学年		第二学年		第三学年		第四学年	
	上	下	上	下	上	下	上	下
语文	2	2						
习字	1	1						
课外活动指导	0.5	0.5						
价值观与方法论			2	2				
学习指导			1	1				
企业管理					2	2	2	

① 赵劲．促进高校就业指导课程师资“专职化”的路径[J]．教育与职业，2015（02）：92－94.

续 表

课程	第一学年		第二学年		第三学年		第四学年	
	上	下	上	下	上	下	上	下
到企业参观访问					0.5	0.5	0.5	
就业实习指导								2

注：表中所列数字为每周上课时数。2为每一周上课一次，每次2课时；1为每两周上课一次，每次2课时；课外活动指导安排在每月的第一周，利用课外时间进行一次，2课时左右（折算为每周0.5课时）；到企业参观访问，一学期安排两次，每次半天（折算为每周0.5课时）；就业实习指导每周一次，每次2课时。

（五）专业知识与行业知识短板提升计划

专业知识与行业知识短板提升计划着力于通过职业知识读书会、职业技能培训班等形式，弥补大学生专业知识与行业知识的短板。人才培养的基础是教材，在快速发展、知识爆炸的当下，高校人才培养的教材远远落后于企业实际应用的知识。条件好的大学有丰富多彩的论坛和沙龙弥补这一差距，一般的院校并没有为这样的现象制定切实可行的知识差距弥补办法，从就业的角度学校也没有计划通过就业服务体系必须给予引导提升。

（六）知识与能力转化实践计划

知识与能力转化实践计划主要通过为各个专业大学生基于目标就业城市的深度校企合作企业提供就业见习、实习机会，帮助大学生快速将知识转化为能力。知识不一定等于能力，高校让大学生获得知识，知识只有经过实践应用才能变成自身解决问题的能力。让大学生参加实训锻炼与真实工作场景教学，为大学生推荐基于职业锚的能力素质锻炼计划是知识与能力转化必不可少的生涯服务内容。

（七）择业指导与就业跟踪计划

择业指导与就业跟踪计划主要通过给大学生提供专业的择业指导以及对大学生进行就业跟踪研究，解决大学生就业迷茫和学校人才培养质量提升的问题。

1. 择业指导

严重的就业形势迫使学生先就业再择业，害己害企，企业刚刚培养出能干点工作的员工，员工却由于不是自己喜欢的工作而离职，增加了企业招聘用工成本；大学生由于迷茫的择业观、盲目跳槽失去了应届生就业优势。基于自身喜欢的职业锚初级就业岗位就业，是保障企业与大学生利益的首选。

2. 就业跟踪

高校作为人才培养主要部门，如果不知道自己的产品（大学生）的社会认可度、不知道自身与其他高校人才培养的差距，就不能更好地完善产品开发方案（人才培养方案）。因此，建立末端大学生就业跟踪是提高高校人才培养质量的长效保障机制。

二、"到校外"高质量职业生涯服务体系的实证研究

北部湾大学是"到校外"高质量职业生涯服务体系的首家实践高校。双方在2017年共建了全国首家"到校外大学生职业生涯服务站"实体平台（见图4－2）。服务站依托北部湾经济区大学生就业创业培训项目和北部湾经济区人才评价中心成果资源，在能力提升、创业引领、校园精准服务、就业帮扶、权益保护五大方面提供指导服务，成为贯彻落实"高校毕业生就业创业促进计划"，实现高校信息共享、校企工作对接的首批服务实体平台。服务站总投资100多万元，占地面积500平方米，设有"职前书吧""北部湾经济区人才测评中心""就业创业一站式服务大厅""远程招聘室""就业辅导室""职业发展教研室"和"校企洽谈室"7个功能区，开展了"职业知识读书会""就业创业大讲堂""生涯人物访谈录""个性化职业测评""一对一生涯咨询""职业生涯规划赛""远程现场招聘会""企业文化宣讲会""校企人才交流会""校企合作洽谈会"等10项品牌活动。

图 4－2　北部湾大学“到校外职业生涯服务站”

（一）职前书吧

职前书吧主要用于开展“一班两赛三会”活动，帮助大学生树立正确的职业心态、弥补企业知识的不足、加速职业能力的转化以及挖掘学生内在的潜力。一班即行业人才培训班，围绕新媒体、电商、制造业、销售业等行业人才需求，举办行业人才培训班，帮助大学生加速职业能力的转化；两赛即职业生涯规划赛和就业能力挑战赛，围绕职业发展目标、求职面试技能，帮助大学生弥补企业知识的不足；三会即职业知识读书会、面试模拟招聘会和企业实习对接会，以辩论、演讲、舞台剧、才艺展示、海报设计、思维导图等多种形式，引导大学生树立正确的职业心态、挖掘内在的潜力。

（二）北部湾经济区人才测评中心

北部湾经济区人才测评中心主要用于开展性格、兴趣与职业能力等测评以及测评报告解读[1]，建立能力素质成长模型，帮助学生了解自身的职业能力和精准

① 张爱卿．人才测评［M］．北京：中国人民大学出版社，2011.

就业；建立大学生就业意愿库和企业用工库，帮助企业开展人才评价和精准招人。

1. 职业测评的目的

帮助学生全面了解自我，帮助生涯导师全面了解学生。大学生只有更好地认知自我，才能更好地规划未来；生涯导师只有更好地了解大学生，才能给予职业生涯规划指导；学校就业部门只有了解全体大学生的就业意愿与能力现状，才能知道学生与目标职业能力差距到底有多大、差在哪儿和如何指导生涯发展路径、提升哪方面的能力以及有工作重点地开拓就业市场、企业实习锻炼机会、就业机会，为大学生生涯发展提供唾手可得的资源。

2. 职业测评的使用

建立大学生就业意愿库与大学生冰山模型下的潜质库、企业用工库（含实习锻炼资源、企业导师、企业就业岗位），通过人岗匹配算法、大数据处理能力，能依托大学生的就业意愿，精准匹配企业导师与实习锻炼机会，根据大学生的求职地域与行业，精准匹配目标城市工作岗位。大学生的职业能力每年完成一次测评，大四每半年测评一次，通过掌握能力提升的动态过程，更好地锁定目标就业岗位。

3. 职业测评的效果

就业意识的引领与职业能力的提升，应从大四提前到大一，将人才出口的就业服务工作转为配合学校应用型人才培养的前端。大一配合学校教学计划与人才培养方案、配合学生的目标就业以及升学意愿，给予整个人才培养过程的生涯精准服务。受限于就业指导师资不能满足大量学生的需求，必须借助于生涯信息化服务工作，将大数据与人岗匹配技术应用于服务大学生个性化成才。就业导师通过掌握大学生冰山以上的知识能力状况和冰山以下的性格、动机和个性特征等潜质，整体了解大学生的职业锚，从而依托大数据互联网做精准个性成才服务。

（三）就业创业一站式服务大厅

就业创业一站式服务大厅设有专业、学业、职业、就业、创业和企业六个服务窗口，分别开展招生专业介绍、能力提升计划、职业知识咨询、就业实习对接、创业政策服务以及校企合作对接业务。专业服务窗口为学生提供生涯咨询，学业服务窗口为学生提供能力提升培训，职业服务窗口为学生提供任职要求咨询，就业服务窗口为学生提供就业实习服务，创业服务窗口为学生提供创业政策服务，企业服务窗口为用人单位提供招聘服务。

（四）远程招聘室

远程招聘室主要用于为大学生和用人单位提供专业的远程招聘服务，通过视频会议系统，降低大学生的求职成本和企业的招聘成本，提高招聘的效率。同时，视频会议系统还具有录播功能，能保存并回放整个招聘过程，便于案例教学、与大学生找到面试中的问题从而有针对性地提升。

（五）就业辅导室

就业辅导室主要用于一对一生涯规划辅导与就业指导。帮助低年级组大学生锁定职业锚、制定发展路径与能力提升计划、对接企业实训知识能力转化锻炼机会、企业管理培训生职前培训等；帮助高年级组就业困难学生制定“一生一策”就业方案，推荐见习机会等。

（六）职业发展教研室

职业发展教研室主要用于对接校企两端，立足于大学生成才高度，顶层规划生涯服务体系、职前教育资源前置计划、新职业与专业方向就业能力提升计划设计与实施、毕业生高质量就业与企业适宜性跟踪研究、成功失败案例分析与总结。同时开展就业指导教师的集体备课、教学研讨等活动，将生涯规划与就业指导课程的教学效果落到实处。

（七）校企洽谈室

校企洽谈室主要用于产教深度融合、校企深度合作中的洽谈与服务成果展示。学校与企业通过网络现场招聘会、企业文化宣讲会、校企人才交流会、校企合作洽谈会等活动，开展深度的“职业知识进教材、职前教育进班级、职业经理人进课堂、企业高管进讲堂”等项目合作。

“到校外”高质量职业生涯服务体系在北部湾大学的实践表明，要从学生层面解决专业、学业以及职业迷茫问题，帮助大学生实现“才—材—财—彩”的转变，实现职业生涯服务目标，即“生涯不迷茫、发展有路径、成才有目标”；

要从学校层面看待大学生就业这一民生问题，建立科学的职业生涯服务与跟踪体系，为学生个性化成才提供校企成才资源支撑。通过“一班两赛三会”等活动，帮助学生从进校开始就认识并了解职场，纠正职业心态不正等问题；通过“到校外”就业博雅教学计划，提升学生的品质与内涵；通过生涯规划与就业指导课程体系的建设，在知识层面补齐企业知识；通过职前教育进班级，给予学生职业锚实习锻炼机会。职业生涯服务体系是一项系统性工程且任重道远，作为“到校外”高质量职业生涯服务体系的践行者，必将不忘初心、牢记使命、砥砺前行，为我国的人才强国战略贡献力量。

第二节　高校生涯规划与就业指导课程建设研究

一、生涯规划与就业指导课程建设的意义

（一）生涯规划与就业指导课程建设是促进大学生高质量就业的重要保障

《教育部办公厅关于印发〈大学生职业发展与就业指导课程教学要求〉的通知》（教高厅〔2007〕7 号）① 明确提出：“职业发展与就业指导课程建设是高校人才培养工作和毕业生就业工作的重要组成部分……从 2008 年起提倡所有普通高校开设职业发展与就业指导课程，并作为公共课纳入教学计划，贯穿学生从入学到毕业的整个培养过程。现阶段作为高校必修课或选修课开设，经过 3 ~ 5 年的完善后全部过渡到必修课。各高校要依据自身情况制订具体教学计划，分年级设立相应学分，建议本课程安排学时不少于 38 学时。”《教育部关于做好 2019 届

---

① 中华人民共和国教育部．教育部办公厅关于印发《大学生职业发展与就业指导课程教学要求》的通知[EB/OL]．http://www.moe.gov.cn/s78/A08/moe_745/tnull_11260.html.

全国普通高等学校毕业生就业创业工作的通知》（教学〔2018〕8 号）[①] 中明确提出：“各地各高校要加强高校学生职业生涯发展教育，对低年级学生着重进行职业生涯启蒙，对高年级学生着重提升职业素质和求职技能。”经过十多年的发展，我国生涯规划与就业指导课程取得了实质性进展，大学生的生涯规划意识与就业创业能力逐步增强，他们从理论上意识到职业生涯规划对他们的重要性。但是，大学生在行动上对职业生涯规划踌躇不前，导致他们的职业生涯规划依然存在“目标还迷茫、发展无方向、成长缺路径”的现实困境。深入推进高校生涯规划与就业指导课程建设能完善高校职业生涯教育理论体系与实践范式，是促进大学生高质量就业的重要保障。

（二）生涯规划与就业指导课程建设是保证大学生稳定就业的关键环节

大学生是驱动新兴经济业态和产业结构优化的关键人才，着力培育其正确的职业生涯发展观、提高其职业技能与经验成为高等院校教育改革所关注的重要任务之一。当前世界正处于一个 VUCA[②] 时代，人们面对的是不稳定、不可预测、复杂、模糊的环境，VUCA 背后是为人们建立了一个预期、演化、准备以及干预的学习模式。在 VUCA 时代背景下，优化和改进大学生的职业生涯发展教育，增强大学生职业生涯发展意识与提高大学生就业创业能力是当前高等院校教育改革的重要课题之一。追溯大学生职业生涯规划的影响因素，其中生涯规划与就业指导课程的时间安排、内容设置、教学模式、教学评价以及教学反馈是关键层面，高校生涯规划与就业指导课程方面所存在的短板无疑是对我国职业生涯教育发展难题的真实反映。重构高校生涯规划与就业指导课程建设方案是保证大学生稳定就业的关键环节。

---

① 中华人民共和国教育部．教育部关于做好 2019 届全国普通高等学校毕业生就业创业工作的通知［EB/OL］．http：//www. moe. gov. cn/srcsite/A15/s3265/201812/t20181205_362495. html.

② VUCA 由美国陆军军事学院提出，用来形容世界环境处于一种“不稳定”（Volatile）、“不可预测”（Unpredictable）、“复杂”（Complex）和“模糊”（Ambiguous）的状态之下。见王玉．情感智能与领导力［M］．北京：台海出版社，2018.

二、高校生涯规划与就业指导课程建设的现状分析

（一）课程内容重理论而轻实践

生涯规划与就业指导是一门与社会人才需求紧密相连的应用型课程，要求课程内容必须与时俱进，及时将社会发展趋势与对未来的研判通过课堂传授给学生。多数高校在编写生涯规划与就业指导课程的教学大纲时，通常包含职业启蒙、自我认知、职业生涯规划设计、职业生涯规划实施与管理、求职准备、应聘实务、就业政策与权益保护、大学生创业、职业成功等内容，内容的呈现以理论描述与案例点评为主要逻辑框架，与传统的理论知识传授教学非常相像。这与生涯规划与就业指导的社会性、实践性与应用性不相匹配①。对于大学生而言，他们需要解决的是就业创业能力的根本提升，而非单纯的吸收知识和理解理论，也不是纯粹的就业创业技巧模仿，他们需要社会情境化的能力转化。课程内容重理论知识而轻实践能力转化的设置难以实现生涯规划与就业指导课程的教育目标。

（二）教学方法多讲授而少实操

生涯规划与就业指导课程因其极强的应用型特征，对教学方法的要求也是很高的。高校教师目前在进行生涯规划与就业指导课程的教学时依然以讲授为主，实操为辅。以职业生涯规划设计内容为例，授课教师通常会着重通过讲授的方式告诉学生生涯发展教育的相关理论、生涯规划的重要性、生涯规划的方法与步骤，最后再着重教学生撰写个人职业生涯规划书。教学方法相对单一，教学中缺乏互动与实操，学生的收获更多只能体现在提交的个人职业生涯规划书上②。教学方法多讲授而少实操的现象造成了生涯规划与就业指导课程的教育目标没有落到实处。

---

① 赵忠见．基于学生需求分析的高校就业指导课程优化策略研究[J]．教育理论与实践，2020，40（06）：53－55.

② 何竞旻．高校就业指导课教学方式存在的问题及对策[J]．当代教育实践与教学研究，2019（22）：158－159.

三、“到校外”高校生涯规划与就业指导课程的建设方案

高校生涯规划与就业指导课程的教学目的是通过规范的课程开发确定一系列教学内容，采取形式多样的方法和途径，帮助大学生获得相关职业技能以及经验，促进学生选择、获得并准备从事一项与个体相匹配的职业并力求获得职业生涯发展的成功。“到校外”高校生涯规划与就业指导课程的建设，通过职业知识进教材、职业教育进班级、职业经理人进课堂以及企业高管进讲堂四个层面解决“教什么”“怎么教”“谁来教”以及“教得好”的问题。

（一）职业知识进教材

职业知识进教材解决的是课程内容的问题，即课程“教什么”。多数高校生涯规划与就业指导课程的教材千篇一律，以某本普通高等教育公共基础课系列“十三五”规划教材《大学生职业生涯规划》为例，它包含七个章节的内容，分别为“了解职业生涯规划的内容”“了解自己，客观地认知自我”“了解职业，探索工作世界”“学会自我管理，积淀职业素养”“科学掌握职业决策”“大学生职业生涯规划行动与实现”“职业生涯的适应与发展”，基本是一般方法论与技巧性的内容，这样的教材在高校课堂里比比皆是。而学生通过课程最终需要掌握的是自己未来的生涯发展道路，学科、专业、行业等都有明显的差别，比如人力资源管理专业与机械工程专业未来的就业方向完全不同。这就意味着每个专业对应的就业岗位与素养能力要求、目标的就业城市、就业初级岗位成长路线、需要具备什么能力才能走好人生的第一步等都有很大的不同。千篇一律的教材不能解决上述问题，这就导致学生通过生涯规划与就业指导课程的学习没有解决他们的内在需求，结局就是学生依旧迷茫。

“到校外”理念下的生涯规划与就业指导课程的教材应根据学科、专业、岗位的不同，以学科为基本属性，编制紧扣专业未来生涯发展且具有个性色彩的教材，让职业知识真正进入教材。教材的编制内容以生涯规划与就业指导的基本方法论为基础框架，把基于专业的职位信息（含职业定义、任务职责、知识背景、大学课程、职业技能、从业资格、常用工具、薪酬待遇、工作环境、发展前景、职业道德等）、行业信息、地域信息、城市信息以及师兄师姐去哪儿等作为核心

内容编入教材。学生通过职业知识的学习，才能真正了解“所学专业培养什么样的人、未来出口是什么、达到什么素质能力才能做好本职工作”并掌握专业未来的发展方向。这是解决职业生涯迷茫的基础内容。

（二）职前教育进班级

职前教育进班级解决的是教学模式的问题，即课程“怎么教”。传统的生涯规划与就业指导课程的教学是以知识技巧传授为主的教学理念，形成了以教师为中心、书本为中心和课堂为中心的教学模式①。这种课堂教学模式往往形成了老师单向灌输、学生被动接受的局面，我们不难看出传统教学模式的缺陷是非常明显的，其中关键的是作为认知主体的学生在整个教学过程中都始终处于被动地接受知识的地位，学生学习的主动性被忽视，甚至被压抑。

“到校外”理念下的生涯规划与就业指导课程的教学模式应采用职前教育方式来解决理论知识教育不足的问题，提升学生的实操性，全面提升学生的职业素养。职前教育是指在正式步入职场之前所进行的培训，主要培训对象是即将面对第一份工作的在校学生。各高校相对来说更为注重理论知识教育，缺乏实际操作能力，学生进入毕业阶段，无法及时适应企业和市场的需求，故职前教育应运而生。职前教育进班级的教学模式，可以为学生提供更有效、更有针对性、更专业的职业建议和规划，提升的不仅是求职技巧，更为重要的是通过职前教育培训的模式，全面提升学生的职业素养与操作能力，把学生打造为应用型人才以适应社会需求。

（三）职业经理人进课堂

职业经理人进课堂解决的是教学师资的问题，即课程“谁来教”。长期以来，各高校生涯规划与就业指导课程的授课教师都是以负责就业创业工作的辅导员或行政管理人员为主，开设有人力资源管理专业的高校会由人力资源管理的专业教师参与授课。他们通常缺乏深入的职场实践经历，更为擅长的是从理论的角度讲授职场理论层面的知识与技巧，更像是“纸上谈兵”的状态，再加上本身

① 尹兆华．职业生涯规划与就业指导课程建设探索和实践[J]．中国大学教学，2019(Z1)：88－92.

的教学方法较为传统、中规中矩，难以激起学生的学习兴趣并产生共鸣。

“到校外”理念下的生涯规划与就业指导课程的教学师资应根据课程是知识面要求很宽的实战课程这个特点，用好专业教授、职业经理人、生涯规划老师的综合能力，将职业经理人请进课堂，共同传道授业解惑，使学生充分认识自我、认知专业、认知学业以及认知职业，从而科学规划生涯实现路径，为人生发展目标做好提升准备。

（四）企业高管进讲堂

企业高管进讲堂解决的是质量升华的问题，即课程“教得好”。高校通常都会邀请就业创业导师进校开展就业安全与风险防范、职业心态指导、专项求职指导、求职技巧指导、就业精准帮扶、就业形势与政策指导等类型的就业创业讲座。课程内容一般包括应对传销风险、就业维权、如何成功渡过试用期、求职简历制作、面试技巧、面试礼仪以及就业创业政策解读等。授课教师一般由高校教师、企业咨询公司的管理者以及人才市场专家等组成，通过大班讲授的方式来完成。讲座实际是对生涯规划与就业指导课程教学质量升华的重要环节。授课教师丰富的职业生涯发展经验是保证讲座效果的关键，而讲座的组织形式又是达到讲堂效果的保障。目前从高校组织就业创业讲座的效果来看，能进一步帮助学生增强职业化的意识和提高求职面试的技巧，是生涯规划与就业指导课程的有益补充，但还没有从质的层面帮助学生提升就业创业质量。

“到校外”理念下的生涯规划与就业指导课程的就业讲座应根据学生的学科、专业以及求职的行业、岗位等不同的需求，邀请不同类型的企业高管进入讲堂，以论坛、沙龙、对话等互动效果更好的形式，有针对性和实质性地提高生涯规划与就业指导教学质量。企业高管通常拥有丰富的职场经历且取得了职业生涯的成功，他们本身就是学生学习的榜样。通过企业高管进讲堂的方式，让学生与企业高管深度交流，融会贯通地将课堂所学的职业知识与企业高管丰富的经历和成功的经验相连接，实现对生涯规划与就业指导课程教学质量的升华。

四、“到校外”高校生涯规划与就业技能大赛计划研究

（一）高校生涯规划与就业技能大赛的意义

大学生职业生涯规划与就业技能的提升对大学生的就业质量有着极其重要的作用，尤其是在当前社会发展的复杂形势与快速变化下，社会对人才的要求越来越高，人才之间的竞争压力也越来越大。因此，大学生的职业生涯规划越来越受到教育主管部门、高校、用人单位以及整个社会的高度重视。

1. 对个人而言，提升了大学生的就业能力

大学生职业生涯规划对于大学生个人而言，具有突破障碍、开发潜能以及实现自我的重要意义，经过学校职业生涯规划教育，大学生能在教师的指导下进行有意识、有针对性以及系统化的学业规划与未来几年的职业规划，对其认识自我、了解职业、理性择业以及实现自我的人生价值具有重要的作用。大学生职业生涯规划大赛成为部分高校一项重要的赛事，大赛对于传播与普及职业生涯规划理念，引导大学生树立正确的成才观和就业观，提高自身的就业能力，具有不可忽视的作用。

2. 对学校而言，提升了高校的人才培养质量

通过举办职业生涯规划与就业技能大赛，一方面能够帮助学生更加明确自己的学习动机以及未来职业发展的目标；另一方面能够帮助学生围绕自身的职业目标提升相应的就业技能，使他们的学习更加有的放矢，能力的提升与目标的实现紧密相连，更为有效地避免了学习与成长的盲目性。学生学习自律带来的是良好的学风氛围，人才培养质量的提升也就能快速地进入到一个良性的生态循环系统。

（二）高校生涯规划与就业技能大赛的现状分析

教育部全国高等学校学生信息咨询与就业指导中心于 2006 年举办了首届“中国大学生职业规划设计大赛”；2009 年举办了“首届全国大学生职业生涯规划大赛”，此次大赛的目的在于普及大学生职业生涯规划知识，引导广大学生树立正确的成才观、就业观，科学合理地规划大学学习与生活，提高就业技能与实

践能力，以大学生“励志、成长、就业”为主题、以职业生涯规划大赛为主要形式、以电视录播为主要载体，最终通过职业规划作品、现场PPT展示及答辩、无领导主题讲座以及职业角色模拟四个环节进行评比；2012年举办了“第二届全国大学生职业生涯规划大赛”，比赛内容分为职业规划作品、职业生涯人物访谈报名、现场PPT展示及回答评委提问、参赛选手职业规划作品互评以及职业角色模拟五个部分①。在此之后，职业生涯规划大赛主要是由各省、各高校根据自身实际情况决定是否举办，随之就出现了有的省份和高校年年连续举办、有的省份和高校不定期举办的现象，这也反映了各省、各高校对大赛的重视程度不一的情况。就业技能大赛的举办在各高校也是千差万别，有的高校会举办简历制作大赛、面试模拟大赛，有的高校则不举办任何就业技能大赛。从持续举办职业生涯规划与就业技能大赛的高校来看，大赛目前依然存在着以下两个相对突出的问题：

1. 大赛的形式大于内容

举办大赛的高校为提升大赛的总体成绩，每年都会围绕大赛开展一系列的大赛宣传发动、参赛选手培训、赛前辅导以及赛后跟进教育等工作。然而，部分高校为了知名度、效益、指标等表现出较为急功近利的情况，就如同就业指导一样，出现了不同程度的功利化情况。为了能让参赛的学生在比赛中取得突出的成绩，只注重短期效益，比赛与现实相脱节，比如有些指导老师在指导学生参加比赛的过程中过于追求比赛的形式，过度包装学生的作品内容来迎合比赛和评委的口味，出现华而不实的现象。这种本末倒置的做法，虽然在短期内取得了良好的效果，但丧失了真实性，难以对学生起到根本性的指导作用。这样既偏离了举办大赛的宗旨，又不能真正促进学生的职业生涯发展，对于提高人才培养质量没有起到良好的促进作用。

2. 大赛的效果差强人意

从各高校每年举办的大赛情况来看，大赛对激发学生的职业生涯规划意识、

---

① 姜莉．关于大学生职业生涯发展教育“赛教互促”模式的思考[J]．正德职业技术学院学报，2016，13（02）：18－21.

树立生涯规划的理念、主动了解职业世界起到一定的促进作用，但学生从大赛中受益的程度参差不齐。从参加意愿来看，有的学生参加大赛主动意愿不强烈；有的学生愿意参加大赛，但并没有真正参加过大赛或者对大赛的情况不甚了解。从比赛表现来看，有的学生通过测评工具完成了测评，但测评的结果解读不到位；有的学生通过生涯人物访谈等对职业有了一定的了解，但了解的职业信息不够全面、职业探索不够深入，导致制定出来的职业生涯规划不具有可行性。从比赛结果来看，有的学生竞争意识过度介入，参与比赛只关注大赛成绩以及后续是否能得到他人的关注与机会，并非关注远期的发展规划，对综合素质的提升难免受到影响；有的学生为赛而赛，赛后并不会按照自己制定的职业生涯规划落实到行动中。职业生涯规划不是一蹴而就的事情，它是一个动态发展变化的过程①，需要持续地完善与更新，职业生涯发展教育应该是全程性的，不同的年级与阶段有不同的发展任务，但比赛有时间性，在缺乏有效的后续跟踪机制的状态下，大赛的效果就差强人意了。

（三）“到校外”生涯规划与就业技能大赛计划

“到校外”生涯规划与就业技能大赛计划以生涯规划与就业指导课程为载体，通过持续性、系统化地举办生涯规划与就业技能大赛，以赛促教、赛教互促，切实提高生涯规划与就业指导课程的教学效果，从而进一步促进职业生涯发展教育，将生涯规划与就业技能大赛同职业生涯发展教育有机结合。

1. 生涯规划大赛计划

（1）依托信息技术，构建生涯数据平台。生涯规划大赛中包含自我认知和职业探索两个非常重要的内容。受限于我国教育体制本身的问题，大学生在进入高校以前，要么没接受过相关的生涯规划教育，要么仅仅听说过但未有较为深入的了解与体验，因此他们的职业生涯规划意识与能力都较为薄弱，对自我的认知以及对职业的探索略显粗浅。在当前互联网高速发展的时代，快速精准地获取数据对学习成长的速度与效率而言尤为重要。生涯规划大赛中要想使大学生精准地

---

① 许金波，杨忠，崔顾芳．大学生职业生涯规划“赛教互促”模式的构建与实践[J]．南通航运职业技术学院学报，2015，14（01）：73－76.

认知自我与了解职业社会，构建生涯数据平台是一个重要且必要的途径。

“到校外”模式下的生涯规划大赛将依托信息技术，通过构建生涯数据平台，将大学生的职业测评数据、职业信息数据与未来就业意愿数据进行精准的匹配，帮助大学生建立起基于学科、专业与就业目标相一致的职业发展路径，促进大学生更为顺利地进入职业发展通道。

(2) 改革大赛形式，激发学生参赛意愿。传统的职业生涯规划大赛在形式上通常以个人赛的形式开展，这对于部分不够自信的学生而言，基于对竞赛的恐惧不安，往往会选择逃避，不敢参与到竞赛中来。面对当前在互联网时代成长起来的“00后”大学生，相对单一的传统的大赛组织形式对他们的吸引力往往不够，因此创新大赛的组织形式势在必行。

“到校外”模式下的生涯规划大赛在初赛阶段将个人赛转变为团队赛，把职业目标相近或一致的组建成一个团队，在职业规划作品的展示过程中，可以把整体展示做成情景剧或小品等更有趣味性的形式，既可以展示选手的个人才艺，又可以共同展示未来的职场情境。这样的团队一方面有利于发挥同学各自的优势、树立信心，另一方面又可以方便同学之间的相互学习与共同进步。鼓励更多的同学参与生涯规划大赛，既可以提升整体的参赛质量，又可以帮助同学获得自信心，激发他们的生涯成长愿望。

(3) 建设师资队伍，提高学生参赛水平。专业化、职业化、专家化的师资队伍对于促进学生的职业生涯发展十分关键，而对于提升生涯规划大赛的赛事水平也是极为重要的。职业生涯规划教育是以教育学、心理学、人力资源管理等学科为支撑，结合学生的个人特质，帮助其突破障碍、开发潜能以及实现自我的教育，是一项需要全程化引导的且延续性强的教育工作，它贯穿于学生在校期间以及毕业后最初几年，对从事生涯教育的工作者的教育理念、知识技能水平以及教学态度等都有着一系列的要求。

“到校外”模式下的生涯教育需要校内外专兼结合的师资队伍。校内的师资需要引进教育学、心理学、管理学等方向的人才从事专职的教学与研究工作；校外的师资主要通过外聘、兼职等方式邀请校外的企业高层管理者、职业经理人等人力资源管理专家加入职业生涯辅导的导师团队中，建立校企联盟，多渠道吸纳教师，为提高学生职业生涯规划的科学性与可行性提供扎实的师资保障。

2. 就业技能大赛计划

与就业技能大赛相关的传统赛事主要有简历制作大赛、面试模拟大赛等。学生在简历制作大赛中主要展示的是文本布局设计、文字排版技巧、文字撰写功底等方面的能力；在面试模拟大赛中主要展示的是个人形象设计、仪态仪表、口语表达能力以及沟通反应能力等。这些赛事偏技巧而非技能，对于部分参赛选手而言，优秀的包装极可能带来优秀的成绩，但这个成绩是否与未来的职业发展教育有着特别紧密的联系则有待考证。相对而言，这个比赛的成绩也极有可能是通过短时间的培训、指导取得的，不一定能很好地展示其与未来的工作职位是否有直接的关联。

“到校外”模式下的就业技能大赛计划，是以学生未来从事的职业、专业为主题举办的校企合作的就业技能大赛，大赛结果与企业用工直接关联，可以给学生带来直接的见习、实习与就业的平台与机会。就业技能大赛在赛前由若干个同行业的校企合作单位对学生进行赛前的培训、指导；在赛中邀请本地区本行业的优秀企业以及有招聘需求的单位进行现场评分与选人；在赛后对进入企业见习、实习与就业的学生进行持续跟踪的生涯发展指导。通过构建全程化、系统化的大赛模式，将技能与职位紧密关联，使大赛直接发挥对学生的培养作用。

第三节　高校生涯导师专家化建设研究

一、高校生涯导师专家化建设的意义

老师又作教师，是一种职业，古已有之，指传授学生知识的人员，有各种教育类型；也泛指在某方面值得学习和能够给大家带来一定正确知识和指导，有能

力的人[①]。高校生涯导师是负责职业生涯规划教育的老师，其职责是增强高校学生职业生涯规划意识、引导其树立正确的职业生涯目标并采取相应能力提升行动。职业生涯教育工作贯穿大学生学习生涯的全过程，教育职责可分为三个方面：一是就业手续办理、就业信息提供以及就业政策指导；二是技能培训、心理咨询、决策咨询；三是学业规划与职业规划[②]。随着高校毕业生就业压力的逐年增大，各高校也越来越重视职业生涯规划课程的建设，这对高校职业生涯教育的大力发展起到了积极的作用。高校生涯导师队伍的建设是职业生涯教育顺利开展的保障。生涯导师专家化建设具有以下重要的意义：

（一）生涯导师专家化建设是职业规划与就业指导课程质量的师资保障

职业规划与就业指导课程通过规范的课程开发确定一系列教学内容，采取形式多样的方法和途径，帮助大学生获得相关职业技能以及经验，促使学生选择、获得并准备从事一项与个体相匹配的职业并力求获得职业生涯发展的成功。这些年来，高校职业规划与就业指导课程被越来越多的师生所认同与了解，课程体系的建设也日趋完善，包括课程理念、教材编写、师资建设等方面都有了较大的发展与提高[③]。然而，不可忽视的是，师资队伍的建设依然存在着较难克服的弊端。不少高校还没有成立专门负责职业规划与就业指导课程的教研室，主要依靠行政兼职人员承担教学任务，比如就业指导中心等行政部门的干部以及各学院负责学生的领导和辅导员，数量还远远不够。而在不同的高校，生涯导师的建设又各有不同，相对而言，重点院校会更加重视生涯导师队伍的建设，甚至有专职教师岗位专门负责课程的教学与科研工作；而一般的普通院校往往因理念、资金、场地等诸多原因，不够关注生涯导师的建设问题，教师的专业化与职业化存在着较大的差距，这也导致职业生涯教育的效果参差不齐。只有对生涯导师进行专家化建设，才能为职业规划与就业指导课程质量提供稳定的师资保障。

---

① 百度百科．老师[EB/OL]．https：//baike. baidu. com/item/老师/5533？fr = aladdin.

② 冯建．应用型本科院校大学生就业指导师资队伍建设的困境及路径探析[J]．大学教育，2020（01）：176 – 178.

③ 冯静，陈家才．大学生职业生涯规划课程师资队伍建设的思考[J]．教育教学论坛，2012（34）：24 – 25.

（二）生涯导师专家化建设是高校学生实现高质量就业创业的关键力量

高校学生实现高质量就业创业既是高校办学的重要目标，也是社会平稳快速发展的重要动力资源。就业质量衡量的是劳动者在职业生涯活动中的综合状态。国际劳工组织于 1999 年提出“体面就业”，其主要内容有自由、平等、合理报酬、安全等。在一定意义上，体面就业的程度与高质量就业呈正比例的线性关系。高质量就业是指在遵循高等教育基本规律的前提下，基于相对公平的社会环境，高校毕业生在一定时期内面对充足的就业选择机会，充分发挥特长、适应社会需要，且在就业过程中获得与就业经济发展水平相匹配的竞争性薪酬及较高的精神满足感[①]。高校学生实现高质量就业创业除了离不开自身的刻苦努力之外，生涯导师的思想引领与答疑解惑也是非常关键的因素。高校学生知识与技能的积累在就业环节中往往表现出与社会需求脱节的现象，知识与技能不能直接转化为解决问题的能力，不能满足用人单位的直接需求。造成这一问题的原因有多个方面，其中非常重要的原因与学生是否有清晰的职业目标与合理的能力行动有着密切关联。只有对生涯导师进行专家化建设，才能为高校学生实现高质量就业创业保驾护航。

二、高校生涯导师专家化建设的现状分析

（一）生涯导师专家化建设重视程度不足且支持力度不够

随着大学生就业形势的日益严峻，教育部从 2007 开始就要求高校重视职业生涯教育，这在一定程度上激发了各高校对大学生职业生涯规划教育的重视。绝大多数高校都将职业规划与就业指导课程列为公共必修或辅修课程，在一定程度上推动了职业生涯教育的发展。但同时也存在着一个较为普遍的难题，就是职业生涯教育师资队伍的建设从数量与质量上都跟不上。而高校仅能保证机构、经费和人员的基本条件到位，而对生涯导师师资的培养不够重视，仅为了完成课程教学任务就让没有经过专业培训或没有相关职业经验的老师直接走上讲台给学生授

---

① 邱佩钰．高质量就业视域下高校开展职业指导工作新思路[J]．长春教育学院学报，2019，35（10）：24－27.

课，课程效果可想而知。

（二）生涯导师专家化建设缺少全面性以及系统性的规划

1. 生涯导师存在供求失衡现象

教育部明确规定高校校级专职就业工作人员数量与应届毕业生人数比例不低于1∶500，同时要求高等学校按总体上师生比不低于1∶200的比例设置专职辅导员岗位，但是不少高校未真正达到这一数量标准。多数高校的生涯导师采取专兼结合的方式或者全部由兼职老师组成。在兼职的老师中，主要以行政人员和一线辅导员为主，多数老师的学科背景为思想政治学或教育学。而部分高校的一线辅导员流动性较大，队伍极不稳定，可控性差。很多高校在开设职业生涯规划与就业指导课程时只能实施100人以上的合班教学，老师与学生在课堂上不能很好地进行了解与互动，难以调动学生对课程的积极性。

2. 生涯导师普遍专业化水平不高

高校的生涯导师多由从事学生就业工作的老师兼任，他们本身缺乏相应的学科基础，毕业后又直接到高校工作，不具备丰富的职业历练。虽然高校会给予部分专业培训机会，但培训模式与范围较为狭窄，影响了队伍质量的提升。生涯导师的理论知识掌握不扎实再加上缺少相应的职业经验，导致一些老师上课时只会照本宣科，课程质量得不到很好的保证。针对课后学生的个性化生涯问题，也不能给予专业的生涯咨询服务。

（三）生涯导师专家化建设考核评价体系不够科学与健全

就业是最大的民生。但是部分高校在考核就业创业工作成效时，片面地追求高就业率指标且重结果轻过程现象较为严重，忽视了对职业生涯教育与就业指导服务工作的系统性研究与关注，考核评价方式简单粗放。甚至有的高校将就业指导与就业服务工作进行分割，两者之间不能相辅相成，工作衔接不上。在生涯导师参加年度考核与职称评定时，没有将生涯导师的工作价值合理纳入成果的评定，严重打击了生涯导师的工作积极性与主动性。

三、“到校外”高校生涯导师专家化的建设方案

“到校外”高校生涯导师专家化的建设通过“校内培养一支专业化的生涯导

师队伍+校外聘请一支职业化的生涯导师队伍”的方式，组建一支专业化的生涯导师队伍。

（一）校内培养一支专业化的生涯导师队伍

1. 职业测评技术培训

职业测评是心理测验的一个分支，在学术上被广泛认可的心理测验的定义是“行为样组的客观的标准的测量”。科学的职业测评以特定的理论为基础，经过设计问卷、抽样、统计分析、建立常模等程序编制，必须符合三个条件：效度、信度、常模①。职业测评技术培训是对高校生涯导师关于职业测评工具的使用、职业测评报告的解读以及职业测评报告的应用等内容的培训。职业测评技术的目的是帮助学生全面了解自我，帮助生涯导师全面了解学生。大学生只有更好地认知自我，才能更好地规划自己的未来；生涯导师只有更好地了解大学生，了解大学生的就业意愿与能力现状，才能知道学生与目标职业能力差距到底有多大、差在哪儿、如何指导生涯发展路径、提升哪方面能力以及有工作重点地开拓就业市场、企业实习锻炼机会、就业机会，为大学生生涯发展提供唾手可得的资源，才能给予学生职业生涯规划指导。通过职业测评帮助高校建立大学生就业意愿库与大学生冰山模型下的潜质库、企业用工库（含实习锻炼资源、企业导师、企业就业岗位），依托人岗匹配算法和大数据处理能力，根据大学生的就业意愿精准匹配企业导师与实习锻炼机会，根据大学生的求职地域与行业精准匹配目标城市工作岗位。

2. 人才开发技术培训

人才开发是指将人的智慧、知识、才干作为一种资源加以发掘、培养，以便促进人才本身素质的提高和更加合理地使用。人才开发包括挖掘人才、培养人才，即从现有人才资源中发现有能力的人，进行培养、训练，提高他们的业务技术和经营水平②。人才开发技术培训就是关于挖掘人才、培训人才技术方面的培训。高校应将就业从大四前置到大一，将人才出口的就业服务工作转为配合学校

---

① 王林，王天英，杨新惠．大学生职业生涯与就业指导[M]．北京：中国铁道出版社，2018.

② 百度百科．人才开发[EB/OL]．https://baike.baidu.com/item/人才开发/4918941?fr=aladdin.

应用型人才培养的前端，也就是大一配合学校教学计划与人才培养方案、配合学生的目标升学或就业意愿，给予整个人才培养过程的生涯精准服务。生涯导师依据每年高校学生职业能力测评的结果，观察学生一年学习锻炼能力提升的现状。通过生涯信息化服务建设工作，将大数据与人岗匹配技术应用于服务大学生个性化成才。生涯导师既要知道大学生冰山以上的知识能力状况，也要知道冰山以下的性格、情趣等潜质，整体了解大学生并知道他的职业锚，这样生涯导师才好依托大数据互联网做精准个性成才服务。

3. 人力资源知识培训

人力资源（Human Resources，简称 HR）即人事，最广泛定义是指人力资源管理工作，包含六大模块：人力资源规划、招聘、培训、绩效、薪酬和劳动关系等。多用于公司的人事部门。也是公司的一个重要的职位。公司的人员招聘、培训，职员的考核，职员的薪酬，职员的调动都和人事有关。人力资源是指在一个国家或地区中，处于劳动年龄、未到劳动年龄和超过劳动年龄但具有劳动能力的人口之和。人力资源也指一定时期内组织中的人所拥有的能够被企业所用，且对价值创造起贡献作用的教育、能力、技能、经验、体力等的总称①。在人力资源管理视角下，用人单位与高校学生之间遵循的是“双向选择”的人才市场规律，用人单位从自身的岗位特点、发展需求等对适合岗位的人才进行挑选，而大学生对单位与岗位的抉择源于自身素养、就业意愿、职业期待等；“人岗匹配”是人才配置的基本准则，不同的岗位对人才的素质、技能要求也是不同的，岗位与人员之间通过“人岗匹配”，才能充分发挥人才的最大效用，使生产力实现最大化效益。生涯导师只有具备了相应的人力资源知识，才能真正为高校学生搭建好“人岗匹配”的桥梁，帮助他们走稳求职第一步。

（二）校外聘请一支职业化的生涯导师队伍

校外聘请一支职业化的生涯导师队伍，对弥补校内生涯导师在职业经验方面的不足具有重要的作用。通过校企合作平台，拓展校企合作渠道，增强职业生涯

① 百度百科．人力资源[EB/OL]．https：//baike.baidu.com/item/人力资源/127703?fr=aladdin.

规划与就业指导课程教学的实践性、社会性以及生涯咨询的职业性。聘请与专业密切相关的企业的人力资源经理、职业经理人、高管担任高校的生涯导师。一是常态化地将他们邀请进校分享专业发展的方向、市场前景以及岗位人才需求反馈等；二是邀请他们参与职业生涯规划与就业指导课程的教学与科研，增强课程的实践性与社会性；三是组织校内的生涯导师进入企业深入学习与调研，了解企业发展前景以及人才需求状况，提升职业生涯规划与就业指导服务的针对性。

（三）组建一支专家化的生涯导师队伍

一支专家化的生涯导师队伍是由校内专业化的生涯导师与校外职业化的生涯导师共同组成的。校内导师与校外导师各司其职，相辅相成。通过成立高校生涯教育协会、举办生涯教育论坛等方式，凝聚校内外导师的力量，搭建生涯教育学术交流平台。生涯教育协会可开展生涯师资培训、职业咨询师资格认证、经验交流等活动；生涯教育论坛供高校的专家学者、政府机构人才专家、企业经理人等就不同的生涯主题进行学术交流与思想碰撞。同时，一支专家化的生涯导师队伍还应积极拓展新的教育与服务平台，创新指导服务模式。大力推进职业生涯规划与就业指导等咨询室的建设，由专业教师、校内外生涯导师共同创办；积极开发互联网服务平台，运用微信、微博、抖音等新媒体工具，开设线上的生涯指导服务；开展各类专业行业的生涯辩论赛、职业生涯规划赛、就业能力挑战赛等赛事，让学生在竞赛中获得有价值的生涯指导与能力提升，让学生真正从专家化的生涯队伍的指导服务中获益，使他们关注生涯、积极探索、勇于思考、学有所用。

第四节　知识与能力转化实践计划研究

一、高校学生知识与能力转化实践计划的意义

知识是客观事物的固有属性或内在联系在人们头脑中的一种主观反映，是人

类进步的阶段。知识也是形成人的素质和能力的载体，无论什么时候，扎实的知识功底、广博的知识视野和合理的知识结果都是教育所追求的重要价值目标。能力通常指完成一定活动的本领，它包括完成一定活动的具体方式以及顺利完成一定活动所必需的心理特征。人们常说：“知识就是力量”，这反映了人们对知识的认识和重视，但忽视了对创新创造能力的培养。知识和能力是紧密结合且相辅相成的，知识是创新创造能力的基础，创新创造能力是掌握知识的目的。因此，知识不等于能力，只有将知识转化为解决实际问题的办法才是真正的能力。关注并重视高校学生知识与能力转化实践计划具有以下意义：

（一）加速将知识转化为能力，提升实践教学满意度

高校学生知识与能力转化实践计划能加速将知识转化为能力，提升实践教学满意度。新锦成研究院发布的《2018 大学生就业质量研究》[①] 中对“实践教学”的调查结果显示：2017 届专科毕业生对实践教学的满意度最高（70.99%），其次是硕士毕业生（67.96%），第三是本科毕业生（65.88%）。从数据中我们不难看出，高校学生对实践教学的满意度普遍不高，尤其是本科毕业生，这反映出当前本科高校在实践教学环节中存在的问题比较普遍且明显，但实践教学环节又尤为重要。它是高校人才培养过程中将知识转化为能力的重要步骤，也是影响学生能否顺利实现职业生涯梦想的重要因素。只有将课堂所学的知识在实际的职业活动中转化为应用能力，才能为企业和社会创造价值。

（二）拓宽学生目标就业渠道，提高就业创业成功率

高校学生知识与能力转化实践计划能拓宽学生目标就业渠道，提高就业创业成功率。学生通过知识与能力转化实践计划能够在真实的情境下了解企业的生产运营过程，能够体验到职业生活的方方面面，不再局限于课堂上那些抽象化的概念以及想象中的职业场景。在实践过程中，企业也可以通过学生的工作表现了解到学生的职业能力，学生也可以通过工作体验了解企业的真实情况，相互了解更有助于企业选用到更适合企业的人才，而学生更能选择到适合自己的企业，对达

① 新锦成研究院.2018 大学生就业质量研究[M].北京：现代教育出版社，2018.

成就业意向具有重要的催化作用，能提高双向选择的成功率。

二、高校学生知识与能力转化的现状分析

（一）知识与能力转化周期长、速度慢

高校学生知识与能力转化存在周期长且速度慢的问题。受限于当前高校师资队伍结构以及教育资源有限等因素，高校虽然在人才培养计划里已经将各类专业实践教学计划列入方案里，但在实际操作中却出现不能执行到位的情况。人才培养方案的科学性、系统性、专业性方式不存在明显的问题，但在实践教学环节中往往出现流于形式的状况，设置在大一、大二教学实践的环节并没有真正深入到企业内部实地开展，仅仅是走马观花式的参观就算完成了教学实践。甚至不少专业等到毕业年级才组织实践、实习，大一的知识到大四才开展能力的实践转化，周期长且速度慢。

（二）知识与能力转化质量低、效果差

高校学生知识与能力转化存在质量低且效果差的问题。能力不是简单的知识之和，而是能对知识技能进行融会贯通，将专业知识和技能应用于所从事的专业社会实践。当前高校在知识与能力转化的关键环节即实践教学的满意度不高，即“形式大于内容”，虽有实践教学在人才培养方案中的形式，但实践教学的内容还缺少较为系统而科学的设计，包括实践教学的目标、方法、过程与评价以及确认在实践教学中校内外指导老师的指导力量是否得到了充分的发挥。实践教学的设计如果不能针对学生的专业以及他们未来的职业发展方向进行个性化的指导，那么学生的知识与能力转化的质量就会低、效果就会差。

三、“到校外”高校学生知识与能力转化的实践计划

“到校外”高校学生知识与能力转化的实践计划解决的是高校学生目前知识与能力转化不能达到预期目标的问题，着力于通过精准化的生涯指导、实战化的双创活动、精准的实训推荐以及系统化的职前培训等计划解决知识与能力转化周期长、速度慢以及质量低、效果差的问题。

（一）精准化的生涯指导

精准化的生涯指导是高校学生知识与能力转化实践计划的基本前提。要促进高校学生所学知识转化为对未来职业生涯发展有直接价值的能力，科学规划学生的职业生涯发展路径非常关键。高校可通过设立的职业生涯服务站，依托校外知名企业实战导师成立 CHO 委员会，组建各专业企业导师团，搭建导师与学生直接高效沟通机制，为在校大学生提供目标就业岗位开发与管理成长导师服务。通过企业真实岗位知识前置高校在校大学生职业定位、职业路径、职业发展指导。

信度与效度高的人才测评是开展个性化生涯指导的重要工具。高校可通过设立的职业生涯服务站联合国内外知名人才测评服务提供商和心理测评服务提供商为合作院校学生提供职业能力测评和心理素质测评。通过职业测评帮助学生进行自我认知，帮助院校进行因材施教，帮助企业进行人才甄选和选拔；在职业生涯服务站成立专家委员会和学术委员会，对共建院校进行职业生涯规划、职前教育、就业创业等补充教学研讨、培训。

（二）实战化的双创活动

通过实战化的双创活动激发学生的创新创业意识，提高学生的创新创业能力。不是每一个学生未来都会成为企业家，但是总有一天每个学生会需要像企业家那样去思考。因此，实战化的双创活动对于学生创新创业能力的提升尤为必要。

1. 商务洽谈

商务洽谈的口号是“让正确的沟通无处不在，让机会展现在每一个有准备的人身上。”高校可通过设立的职业生涯服务站、创新创业园开展商务洽谈活动，活动场地可设置多种形式的卡座供同学们进行商务洽谈，进行商业机会的详细沟通，也可定期举办主题洽谈会，帮助同学们进行有目的的沟通。

2. 项目对接

项目对接的口号是“企业项目合作，让你的梦想更为真实。”高校可通过设立的职业生涯服务站组委会筛选符合大学生的创业项目；服务站组委会定期进行创业项目巡展以及相关的创业项目站内展示，帮助同学们进行项目对接；服务站组委会对已经对接的创业项目进行后期的帮扶和辅导，保证项目的顺利进行。

（三）企业活动

企业活动的口号是“既然我们要走向企业，企业也要进来。”企业可以通过高校职业生涯服务站进行产品发布、人才招聘宣讲等相关的活动。利用高校职业服务站的平台将企业的品牌和企业文化传播到高校学生中间，同时也可以通过服务站的平台进行人才招聘、技术合作等相关的企业活动。企业活动为不定期活动，高校职业生涯服务站组委会活动与企业活动配合执行。

（四）实训推荐

高校通过设立的职业生涯服务站联合合作企业一起以服务站为纽带，为高校学生提供实训实践任务，让学生在学校中了解企业和相关工作岗位，明确自己以后可能进入的职业岗位；同时，通过实训软件以及实训任务让学生了解企业运作流程，帮助学生职业成长。学生可直接进入与职业生涯服务站合作的国内优秀品牌企业进行参观、现场教学、顶岗实习以及实际参与其内部创业计划等。

（五）职前培训

高校通过设立的职业生涯服务站了解企业对于岗位的需求，制定相对应的课程，并引进企业的培训资源指导学生，线上线下教学、答疑解惑，让学生基于职业梦想综合能力需要，与毕业初级就业岗位素质能力模型及企业需求相匹配，提升人才培养质量与水平，实现与企业人才需求的有效对接。高校职业生涯服务站联合合作企业为高校学生提供岗位培训和职位，让学生提升职业能力和就业能力，解决学生就业难的问题，帮助学校提升就业率和就业质量。基于“到校外”平台，向大学生精准推送行业、企业、职业心态、岗位、职业资格相关学习信息。

第五节 学生专业知识与行业知识短板提升计划研究

一、高校学生专业知识与行业知识短板提升计划的意义

（一）对高校而言，有助于弥补学生的知识滞后性

高校学生专业知识与行业知识短板提升计划有助于高校解决弥补学生知识滞后性的问题。当前是一个知识更迭速度快、信息大爆炸的时代，人才需求在质量上要求更高、更全面。新锦成研究院发布的《2018 大学生就业质量研究》[①]中对“本科毕业生的知识评价”的调查结果显示：2017 届本科毕业生对知识满足度评价最高的三项分别是中文语言（90.62%）、数学（89.67%）、教育与培训（86.67%），然后依次为生物学、客户服务、化学、物理学、艺术与美术、计算机与电子学、地理学、媒体与传播、行政与管理、办公文秘、公共安全与保障、哲学、外国语、经济学与财会、设计、食品生产、社会学与人类学、心理学、人事与人力资源、历史与考古、机械学、交通运输、工程与技术、电信学、治疗与咨询、建筑与施工、生产与加工，评价最低的三项分别是销售与市场（68.62%）、药品学（67.59%）、法律与政府（66.27%）。以上数据表明，高校学生对某些应用性强的知识满足度还不高，以销售与市场为例，其在社会和企业的应用中非常频繁且起着至关重要的作用。只有掌握了销售与市场的相关知识，才能在实际工作中以市场为导向做产品的设计以及企业发展的规划。专业知识与行业知识短板提升计划能弥补学生在传统专业教学中知识的滞后与不足，满足社会对人才知识储备的要求。

① 新锦成研究院.2018 大学生就业质量研究[M].北京：现代教育出版社，2018.

（二）对企业而言，有助于缩短人才的岗位适应期

高校学生专业知识与行业知识短板提升计划有助于企业解决人才岗位适应期较长的问题。企业在招聘高校应届毕业生中普遍存在的问题就是学生需要较长时间的岗位培训和实习锻炼才能真正适应岗位的要求，这对企业而言，增加了企业的资源负担与时间成本，是资源与效益的一种浪费。以往传统的人才培养体系在课程设置、教学内容、教学模式与教学评价方面都容易造成学生的知识掌握与企业岗位的要求存在脱节的现象。学生对专业知识与行业知识要么根本不了解，要么了解得不够深入，这部分的知识短板如果能在毕业前得以有效地弥补，对学生与企业而言是个双赢的局面。学生进入企业能短时间上岗，为企业创造实在的价值，一方面学生能更早地拿到与其能力相匹配的待遇，另一方面企业也能通过充分发挥人才的价值，加速企业的发展，让企业夺取更好的市场机遇。高校学生专业知识与行业知识短板提升计划能缩短人才的岗位适应期，帮助企业尽早发挥人才的作用，为企业创造更多的价值。

二、高校学生专业知识与行业知识短板提升的现状分析

（一）专业教材落后于企业实际应用知识的要求

专业教材的编写一般都需要一年甚至更长的时间，而教材也往往是过去理论与经验的总结。专业教材又普遍存在偏理论化的情况，重理论轻实践，学生在学习的过程中很难与现实世界里的情境联系起来，难以激发学生学习的主动性与热情。因此，学生面对理论性过强的专业知识出现畏难情绪，陷入为考试而考试的糟糕情形，影响学生对专业知识的吸收与应用。当今时代瞬息万变，数字化、信息化带给我们的是知识与技术的更迭处于加速的状态，专业教材的编写如果还停留在传统的编制思路上，就会持续存在落后于企业实际应用知识要求的问题。

（二）教学模式达不到行业企业岗位知识的要求

传统教学模式的特点是常常以教师为中心，教学形式以“满堂灌”“讲授式”为主，教学过程中缺少师生互动，学生在课堂上没有主动权。同时，由于专业教材本身偏理论化且滞后于社会发展的特点，教师在教学内容与教学过程中也

侧重于理论知识的讲授，教学实践活动的设计较少。因此，学生在课堂上掌握的知识呈现机械化记忆且脱离行业企业岗位实际知识的要求的现象。

三、“到校外”高校学生专业知识与行业知识短板提升计划

“到校外”高校学生专业知识与行业知识短板提升计划解决的是当前高校专业教育较为普遍存在的专业知识与行业知识滞后于社会发展需求的问题，着力于实现弥补高校学生知识滞后性以及缩短人才在企业的岗位适应期的目标。

（一）专业读书会

专业读书会以专业、行业书籍为主要阅读书目，以专业或班级为单位，在主题班会、早晚自习上进行读书分享。书籍可以通过与专业合作的企业赠送，专业教师、学长学姐推荐，班级自筹等方式获得。读书分享会的活动形式可以是分小组阅读不同章节并撰写学习心得然后在分享会活动现场进行分享，分享的形式可以是 PPT 演讲、音乐剧表演、主题辩论、海报展示等多种形式，增加分享会的趣味性。学生通过专业读书会可以获得更多与社会发展更为接近的专业知识与行业知识。

（二）主题沙龙

主题沙龙以专业知识与行业知识的研讨会为主，根据行业、专业的类别设置不同主题的研讨，让学生能够及时了解专业的相关知识，从而帮助高校学生实现人生梦想。主题沙龙可依托各高校校企共建的职业生涯服务站或创新创业园等场地开展，场地装修最好是以类似“车库咖啡”等工业风格为主，营造自由、休闲、舒适的环境氛围。主题沙龙可邀请企业导师、行业大咖、政府专家、专业导师等作为分享嘉宾，以线上、线下或线上线下混合式的分享模式开展行业知识与专业知识的分享活动。

（三）微论坛

微论坛以学生为主体进行专业知识的阐述和传播。可以在高校职业生涯服务站或创新创业园搭建一个微舞台，定期或不定期举办微论坛，分行业、专业组织学生在微论坛对每周专业学习收获的知识、观点进行传播与分享。微论坛以学生

为主体进行活动的组织、策划和实施，也可邀请企业导师、专业导师作为点评嘉宾，同时可以在微论坛举办与专业知识传播相关的晚会活动。通过微论坛给同学们搭建梦想的舞台，实现自我在专业知识与行业知识方面更大的突破。

（四）主题赛事

主题赛事是围绕行业与专业知识开展的赛事活动。赛事活动可以更为充分地激发学生的学习热情与竞争意识、促进对知识的理解并拓宽视野。各个学院可根据自己的学科、专业特色举办相关的知识竞赛，比如人文学院举办中国传统文化知识竞赛、经济管理学院举办营销知识竞赛、艺术设计学院举办艺术鉴赏知识竞赛、机械学院举办机械设计知识竞赛等。以赛促学，通过比赛帮助学生拓展专业知识与行业知识，弥补课堂专业知识与行业知识的不足。

（五）导师咨询

导师咨询主要解决的是学生个性化的专业知识与行业知识短缺的问题。各高校可通过设立的职业生涯服务站开展导师咨询活动。职业生涯服务站设置导师制度，由服务站组委会牵头设立各专业企业导师。企业导师定期或不定期举办线下的咨询活动，帮助同学解决他们在实际专业学习过程中遇到的个性化的实际问题。导师咨询可设置主题周或主题月，提前收集同学们关心的问题做好解答准备，保证能够最大限度地解决问题。导师咨询也可设置线上常态化咨询，高校每个专业都应有相关的企业导师负责日常解决学生在专业知识与行业知识上的疑问。

（六）专题培训

专题培训主要解决的是学生对某一特定行业或专业知识系统化学习的问题。各高校可通过设立的职业生涯服务站开展专题培训活动。专题培训依据当前行业或专业的热点知识，内容可涉及学生专业职业成长专题、专业知识或行业知识专题、营销管理专题以及其他社会热点的专题等。邀请政府人才专家、职业经理人、企业高管等担任培训老师，帮助学生更快速、更系统地掌握社会发展的前沿且实用的知识，让专业课程学习更能与社会情境紧密结合，激发学生的学习热情与积极主动性，促进专业课程学习的有效性。

四、共青团第二课堂就业博雅教学计划研究

（一）高校共青团第二课堂的价值

2018 年 7 月，共青团中央、教育部联合印发《关于在高校实施共青团“第二课堂成绩单”制度的意见》（以下简称《意见》）。这是高校共青团深入学习贯彻习近平新时代中国特色社会主义思想和党的十九大精神，全面落实《关于加强和改进新形势下高校思想政治工作的意见》等有关文件要求，纵深推进高校共青团改革的重要举措。《意见》明确了实施共青团“第二课堂成绩单”制度的指导思想，确立了“坚持融入人才培养大局、坚持服务学生发展需求、坚持发挥第二课堂优势、坚持突出基层主体地位”的基本原则，构建价值应用体系，突出共青团“第二课堂成绩单”的结果应用和价值发掘，推动共青团“第二课堂成绩单”成为学生在校期间评奖评优、升本推研、推优入党以及用人单位选人用人等的重要依据①。

“第二课堂成绩单”制度是高校“全员育人、全过程育人、全方位育人”综合改革的一项重要内容。第二课堂作为第一课堂的必要补充，在提升学生的综合素质与就业能力方面发挥着关键性的作用。第二课堂充分地利用学生的课余时间，依托校内外资源，是学生政治锤炼、知识实践、技能拓展、素养养成的载体平台。共青团第二课堂成绩单是高校第二课堂育人的重要成果体现，为每位学生的全面发展进行成长性记录，可用于学生求职、升学、存档，搭建起学生、学校和社会三者之间的有效连续平台。社会用人单位根据学生参与共青团第二课堂的活动情况，对学生进行综合能力的描述性评价，更好地实现双向选择以及发挥学生的价值。因此，共青团第二课堂必须坚持紧扣服务学生发展需求的基本原则，科学合理地安排精品课程与教学计划，从根本上提高学生的人文素养与职业实战能力，为他们就业竞争力的增强打下坚实的基础，这样才能充分发挥共青团第二

① 百度百科．关于在高校实施共青团“第二课堂成绩单”制度的意见[EB/OL]．https：//baike. baidu. com/item/关于在高校实施共青团“第二课堂成绩单”制度的意见/22709907？fr = aladdin.

课堂的价值。

（二）高校共青团第二课堂建设的现状分析

随着《关于在高校实施共青团“第二课堂成绩单”制度的意见》的印发，高校共青团第二课堂已悄然在各高校兴起。各高校首先从实施办法着手，在制度层面规范共青团第二课程的实施。以×××大学为例，×××大学印发了《×××大学共青团第二课堂成绩单制度实施办法》，办法包括十个章节共四十二条内容，分别从总则、组织机构及职能、共青团第二课堂课程项目体系、共青团第二课堂学分体系、共青团第二课堂教学及管理队伍、共青团第二课堂成绩的审核记录与评价、共青团第二课堂网上认证体系、共青团第二课堂成果体系、实施保障、附则等十个方面规范了共青团第二课堂的运行机制。

×××大学将共青团第二课堂成绩单的课程项目体系分为十个类别：一是政治思想类：主要包括各级、各类思想政治与道德素养类活动，如参加党校（课）学习、团校（课）学习、“青马工程”培训、“四进四信”活动、“与信仰对话”活动、青年大学习活动等。二是自律与成长类：主要包括学校、二级学院、班级组织的各类早晚自习、阳光体育长跑等活动。三是实践实习类：主要包括假期社会实践活动、专项社会实践活动及其他实践实习活动。四是志愿公益类：主要包括无偿献血与防艾、支教助残、社区服务、法律援助、公益环保、赛会服务、海外服务等各类志愿公益活动。五是创新创业类：主要包括国家级、省级、校级、院级及行业协会组织的各类学术科技、创新创业竞赛活动以及发表论文、出版专著、取得专利等。六是文化艺体类：主要包括国家级、省级、校级、院级组织的各类文化、艺术、体育、人文素养等活动。七是工作履历类：主要包括参加校级、院级团委和学生组织（学生会、社团联合会、登记注册的社团、艺术团、广播台等等）担任学生干部以及开展勤工助学活动等。八是技能特长类：主要包括在校期间通过统一组织考试或自己学习深造而获得的各类专业证书。九是海洋与地方特色类：主要包括凸显学校海洋特色与地方文化类的活动，如海洋科普、航海模拟、坭兴陶文化、地方戏曲与非遗传承、国际文化交流等等。十是其他类：以上九项未包括的其他课程项目。

×××大学的共青团第二课堂成绩单的课程项目体系较为完善，把课程按类别进行了细化，涵盖了大学生课外活动项目的各个方面，课程项目类型有广度。但从深度方面分析，课程项目还缺乏成系统化、体系化、科学化的具体课程设计，学生在选择共青团第二课堂课程项目时，更多依赖的是学生的自主自觉，导致课程选择时容易出现为学分而盲目选择的情况，最终导致共青团第二课堂形式热闹而内涵空乏的状态，违背了共青团第二课堂开设的初衷。

（三）“到校外”高校就业博雅教学计划

“到校外”高校就业博雅教学计划通过系统化、体系化、科学化的课程设置与教学安排，从人文素养与职业实践两个层面，以语文、习字、课外活动指导、价值观与方法论、学习指导、企业管理（上）、企业管理（下）、就业实习指导八门课程为抓手，弥补大学生专业知识之外不足的素质能力，提高他们的内涵素养与职场技能，提升就业竞争力。“到校外”高校就业博雅教学计划含以下教学内容：

第一门课程：语文。第一部分是古典文学（国学），一方面提高学生的语言文字水平，另一方面提高学生的道德品质修养。第二部分是写作技巧，涉及议论文、记叙文和应用文（包括日常需用的通知、报告、纪要……）。

第二门课程：习字。一方面提高学生的文字修养，使学生少写或不写错别字，另一方面提高学生对祖国文字和传统文化的热爱，同时陶冶学生情操（去浮躁、致宁静，专一、耐心……）。

第三门课程：课外活动指导。培养学生课外兴趣爱好，使学生热爱生活；引领学生的社交活动，使学生热爱群体。指导学生的课外活动，一方面提高学生课外活动的质量，有利于学生的身心健康；另一方面提高学生的组织活动能力，有助于学生的锻炼成长。

第四门课程：价值观与方法论。指导学生树立正确的人生观（价值观）、培养正确的思维逻辑、掌握正确的方法论，学会自我认知、认识客观世界、设定目标、制定职业生涯规划。

第五门课程：学习指导。一方面指导学生学好教科书：教科书是学生获得知识的基本课件，是比较系统、比较成熟的知识，是老师悉心讲授的知识，学生必须认真听讲，深入领会，切实掌握。另一方面指导学生阅读参考文献：如何泛读，如何精读，如何筛选，如何吸取。顺便指导学生从阅读文献资料出发，用速成的方法学点外语。

第六门课程：企业管理（上）。课程内容包括企业的使命、企业的经营理念、企业的战略决策、企业的组织架构设计、部门的功能与岗位设定、工作流程、绩效考核。

第七门课程：企业管理（下）。课程内容包括市场营销（销售技巧、市场调研、营销策划）、人力资源（选才、用才、育才、晋才、留才）、法务知识（如何写好商务文件，如何拟定协议、合同）、财务管理（如何进行成本核算，如何降低成本）、团队建设、企业文化、品牌的建立与维护、到企业参观访问（配合“企业管理”课程，对企业有比较确切、比较具体的认识）。

第八门课程：就业实习指导。在进行专业教学毕业实习的同时，指导学生利用专业知识与技能，更好地为实现企业使命与完成指定任务而出色工作。

第六节　学生择业指导与就业跟踪计划研究

择业指导与就业跟踪是高校提高学生就业质量与人才培养质量反馈的重要工作内容。择业指导与正确的职业心态教育是高校学生实现就业理想的关键环节；就业跟踪是科学指导择业的有效途径，是高校了解毕业生就业质量与人才培养质量的有效途径。但目前高校生涯教育与就业指导还存在着择业指导未实现“全员化、全程化、个性化”以及就业跟踪没达到“系统性、科学性、有效性”的问题。为此，“到校外”通过制定高校学生择业指导与就业跟踪计划，从择业路径、择业心态、择业目标三个角度和建立数据平台、组建专家队伍、开展课题研究、形成反馈机制四个方面提升择业指导与就业跟踪的服务质量。

一、高校学生择业指导与就业跟踪的必要性

（一）择业指导是实现就业理想的关键环节

择业指导，顾名思义，就是对高校学生的职业选择与生涯发展进行指导以促进正确、合理、科学择业。随着互联网信息时代的迅猛发展，新时代大学生的择业观念和择业行为都出现了诸多变化，尤其是作为互联网“土著民”的“00后”大学生。他们在充满个性化标签的环境中成长，其观念与行为彰显着这个时代独有的色彩。社会环境也给他们提供了多重选择，使得他们在实际的择业过程中被各种诱惑包围着，更易出现心态不正、目标迷茫以及缺少路径等不利情况，个别大学生还会出现乱择业、乱违约、毫无目的频繁跳槽等问题。科学的择业指导能精准地促进高校学生树立正确的择业心态、制定合理的择业目标以及找到科学的择业路径，是实现就业理想的关键环节。

（二）就业跟踪是科学指导择业的有效途径

各高校从2013年起开始编制发布本校毕业生就业质量年度报告。毕业生就业质量跟踪调查作为毕业生就业质量年度报告的重要组成部分，主要包括毕业生就业状况、对母校教育教学和就业服务工作的满意度以及用人单位对高校人才培养质量的认可度。毕业生就业质量跟踪调查对高校的学科结构调整和专业内涵建设具有重要的作用。一是通过就业质量跟踪调查可以掌握专业发展趋势以及人才培养质量，对以社会人才需求为导向的教育教学改革具有关键作用；二是通过就业质量跟踪调查可以强化学校、毕业生和用人单位的联系，提升学校的整体形象与社会影响力，体现了学校紧扣社会人才需求进行教育教学改革的社会责任感，用人单位能及时向高校反馈人才培养方面存在的薄弱环节，从而推动高校的教育教学改革，缓解社会需求与人才培养之间的结构性矛盾。各高校通过就业质量跟踪调查形成的调研报告掌握了最新的社会人才需求状况和职业发展趋势，有助于高校开展科学的择业指导。

二、高校学生择业指导与就业跟踪的问题透视

（一）择业指导未实现“全员化、全程化、个性化”

高校当前的择业指导还未实现“全员化、全程化、个性化”的工作目标。一是择业指导还未形成“全员化”普及。高校主要通过就业指导课程或讲座的方式开展择业指导，这种择业指导方式从形式上来看已经实现了面上的全员覆盖，达到了普及择业观念的作用，而学生择业往往极具个性化，因此，从质的角度而言择业指导还未达到“全员化”普及。二是择业指导还未实现“全程化”管控。高校通常在大三、大四才组织就业指导课程教学，学生的择业指导意识启蒙较晚，知识学习与技能训练的黄金时间已经错过，从时间的角度来看择业指导还未实现“全程化”管控。三是择业指导还未达到“个性化”服务。高校的择业指导常常处于全面“撒网”式状态，缺乏相应的制度、师资、平台来满足学生个性化择业的需求，从指导的内涵来看择业指导还未达到“个性化”服务。

（二）就业跟踪没达到“系统性、科学性、有效性”

高校当前的就业质量跟踪调查还处于不够“系统性、科学性、有效性”的状态。高校一般以委托第三方调研机构或自行组织调研的方式，通过对样本毕业生和用人单位的问卷调研，形成毕业生就业质量年度报告。报告一般包含毕业生基本情况（毕业生的规模和结构、就业率及毕业去向、就业流向等）、就业质量分析（薪酬水平、专业相关度、就业满意度、自身职业期待吻合度等）、就业发展趋势分析以及就业对教育教学的反馈。报告从毕业生就业的总体情况对就业质量进行分析，缺乏围绕学科、专业学生个体的长期跟踪调研。学生个体的长期跟踪调研能更为客观全面地反映基于专业、学科、行业人才的职业发展路径。目前高校的就业质量跟踪调查未健全学校整体与学生个人的系统性跟踪机制，就业质量指标科学性有待完善，调查结果反馈教育教学改革的有效性亟须提升。

三、“到校外”高校学生择业指导与就业跟踪计划

“到校外”高校学生择业指导与就业跟踪计划以全员化、全程化、个性化的

择业指导和系统性、科学性、有效性的就业跟踪反馈为核心目标，通过搭建学校与企业的互联互通平台，为高校学生提供优质的择业指导与就业跟踪反馈服务，提升大学生就业质量和生涯幸福感，提升企业用工满意度，降低企业雇用应届毕业生的成本。

（一）择业指导计划

1. 择业心态指导

择业心态指导是择业指导要解决的首要任务。微博上曾经流行一句话：鸡蛋，从外打破，是食物；从内打破，是生命。人生，从外打破，是压力；从内打破，是成长。被迫成长，是消极、盲目、短暂的；成长的力量来自内部，才是积极、明确、持久的[①]。有主动成长择业观的学生做好自己的学业规划，围绕职业目标采取有效的学习行动；而有被迫成长择业观的学生则懒于做规划，每天浑浑噩噩地过着看似自由自在的生活，沉迷于享受玩乐，荒废学业而一事无成，导致毕业求职时不能很好地适应岗位工作。正确的心态是行动的指南针，帮助学生选择更合适的道路，朝着自己的梦想前行。

择业心态指导应从进校就开始，通过读《为自己工作到最好》[②]等改变职业心态的书籍并举办读书会，围绕“正确对待工作——能力是人生可靠的财富”“正确对待薪水——金钱是事业的副产品”“热爱工作——高效率的保障”“勇挑重担——快速升迁的捷径”“提升自我——在工作中成长”等主题，以辩论、演讲、舞台剧、小品、海报等多种形式将正确的择业心态表达出来。通过心态读书会等主题活动，以潜移默化的方式引导学生树立正确的择业心态，为理想择业打下坚实的基础。

2. 择业目标指导

择业目标指导是择业指导要解决的核心任务。哈佛大学的一个长达25年的跟踪调查显示：3%的人25年来都不曾更改过目标，他们朝着目标不懈努力，25年后他们几乎都成为社会各界的顶尖人士；10%的人生活在社会的中上层，短期

① 古典．拆掉思维里的墙[M]．长春：北方妇女儿童出版社，2011.

② 鞠远华．为自己工作到最好[M]．北京：北京大学出版社，2012.

的目标不断地被达成，生活状态稳步上升；60%的人几乎都生活在社会的中下层，他们能够安稳地生活与工作，但似乎都没什么特别的成就；27%的人几乎都生活在社会的最底层，25年来生活过得不如意，常常失业，靠社会救济，并常常抱怨他人、抱怨社会。目标对人生有着巨大的导向性作用。成功在一开始仅仅只是一个选择。你选择什么样的目标，就会有什么样的成就，有什么样的人生。有目标的人穿越困难航行，无目标的人躲避困难漂泊。可能与不可能只差一点，那一点就是生命的目标。择业目标对高校学生意味着成长方向，方向是指引未来道路的“灯塔”。方向错了，只会越努力离目标越远，与梦想背道而驰。

择业目标的指导应从学生进校的时候开始，通过职业生涯规划课程中的生涯理论、规划方法帮助学生树立正确的职业生涯规划意识，提高学生的职业生涯规划能力。具体说来，就是通过职业兴趣、性格、价值观、能力等测评工具，帮助学生了解自己以及职业世界，运用生涯决策平衡单等工具确定职业生涯目标。目标指导有两个关键点：一是需要寻找到信度与效度更为可靠的职业测评工具以及组织专家对测评报告进行精准地解读；二是需要帮助学生对职业世界有具体情境的理解而不仅是抽象的概念描述。解决这两个关键点的主要方式为：第一，通过购买类似AMCAT职业能力测评软件为学生提供科学的测评工具，开启学生自我了解的大门；第二，通过组织专家对学生的测评报告进行精准地解读，帮助学生正确地分析并理解测评结果；第三，通过情境化的职业世界模拟体验或实地就业见习锻炼等方式，促进学生直观、深刻地了解职业世界。

3. 择业路径指导

择业路径指导是择业指导要解决的关键任务。择业路径对高校学生而言是帮助他们实现梦想的桥梁。只有拥有了桥梁，才能到达梦想彼岸。

择业路径指导包含两个层面的指导：一是生涯成长路径指导；二是成功求职渠道指导。生涯成长路径指导指的是生涯发展路线的指导，如职业目标是未来成为一名人力资源经理，其生涯发展路线通常需要经历“人力资源专员—人力资源助理—人力资源经理”三个阶段，而每个阶段的工作内容、任职资格（含教育背景、培训经历、经验、技能技巧、态度）以及工作条件是不一样的，对于生涯成长路径的指导必须是全员化、全程化的指导。成功求职渠道指导指的是实现人岗匹配的指导[①]，如求职目标是找一份人力资源专员的工作，一般可以通过专业化的招聘求职网站、直接向用人单位申请、学校组织的招聘会、父母及亲友推荐、校外的现场招聘会、学校网站发布的就业信息以及校方（包括导师）的直接推荐等方式寻找工作机会，但如何寻找合适的招聘渠道、辨识招聘信息的真伪、分析招聘信息的岗位要求、精准地实现人岗匹配（简历与岗位任职资格要求相匹配）等都需要个性化、专业化的指导。

（二）就业跟踪计划

1. 建立数据平台

建立高校学生就业跟踪数据平台是开展就业跟踪的基础条件。就业跟踪数据必须依托新兴的互联网技术，实现电子化的记录与追踪。高校学生的就业跟踪数据应从学生进校开始，将他们在校的成长经历通过电子数据的方式记录下来，形成完整的学业成长档案。在他们毕业进入职场后，继续跟踪记录他们五年甚至十年的生涯成长档案。以“到校外”职业生涯服务站人才大数据平台为例，它具有迎新管理、生涯全过程精准服务、就业管理、校友管理与发展反馈、职业发展在线咨询服务等功能，为“校企人才”三方就业跟踪反馈机制提供了可靠的信息化平台，这个数据一体化平台能将学生的职业兴趣、职业能力、职业梦想、为梦想奋斗的成才关键路径、校内外成长导师生涯服务意见与职业能力评价以及就业去向以电子数据的形式实现全过程实时记录，为后续就业跟踪研究提供了基础条件。

2. 组织课题研究

组织高校学生就业跟踪课题研究是开展就业跟踪的有效途径。开展就业跟踪课题研究需从两个方面着手。一是组建专家团队。组建专家团队是开展就业跟踪课题研究的必备条件。专家团队的建立必须围绕专业化、职业化以及专家化的目标来建立。高校就业跟踪团队一般由高校就业创业指导老师或专业老师牵头，人才专家、企业职业经理人或人力资源经理等参与。专家团队成员应有人力资源数

---

① 陈华华，邹望鑫．关于“人职匹配”视角下大学生择业指导的几点思考[J]．新校园（上旬），2015，4（09）：156－157.

据研究的相应知识、技能与经验，能热衷并持之以恒地专注于开展就业跟踪研究工作。二是开展课题研究。就业跟踪课题研究是保证就业跟踪持续进行的关键途径，通过组建分学科、分行业、分地域、分岗位、分职位等类型课题，在多学科交叉的多维理论分析框架下设计相应的指标体系，通过数据资料收集、实地调研、问卷调查以及案例研究等实证研究方法，形成研究结论与反馈建议。

3. 形成反馈机制

形成高校学生就业跟踪反馈机制是开展就业跟踪的根本价值。《教育部关于推动高校形成就业与招生计划人才培养联动机制的指导意见》（教高〔2017〕8号）① 中提出："建立健全高校毕业生就业状况反馈机制。加强对高校毕业生就业状况的跟踪调查与反馈，以反馈结果推动学校招生和人才培养改革。要通过网络调查、实地调研等方式建立顺畅的反馈渠道，充分发挥互联网、大数据在反馈过程中的重要作用。要建立健全就业、招生、教务等部门联动的组织架构，把反馈结果与专业设置、招生计划、经费安排等适度挂钩。"高校招生就业领域应改变社会需求与招生专业、人才培养和学生就业等原来各自为政的分裂状态，根据经济社会发展对人才需求的内在关联性，进行联合与协作，通过"市场需求"和"资源共享"整合优势，共同参与人才培养和就业竞争，实现高校的可持续协调发展和社会高校的多方共赢。招生就业联动机制的构建，要以社会需求为中心，建立社会需求与招生专业、人才培养和学生就业之间的内在关联体系，以招生促培养，以培养促就业，以就业促招生，缩小社会需要与高校人才培养质量之间的差距。

---

① 中华人民共和国教育部．教育部关于推动高校形成就业与招生计划人才培养联动机制的指导意见［EB/OL］．http：//www. moe. gov. cn/srcsite/A08/s7056/201801/t20180123_325312. html.

第五章

大学生创新创业素养的实践探索

教育部在《教育部关于做好2015年全国普通高等学校毕业生就业创业工作的通知》（教学〔2014〕15号）[①] 中指出："高校毕业生就业创业工作是教育领域重要的民生工程，党中央、国务院高度重视，明确要求强化就业创业服务体系建设，提升大学生就业创业比例。2015年宏观就业形势面临多重压力，高校毕业生规模进一步加大，就业创业工作任务十分艰巨。"该通知要求各地各高校要把创新创业教育作为推进高等教育综合改革的重要抓手，全面推进创新创业教育和自主创业工作，将创新创业教育贯穿人才培养全过程。由此可见，创业教育在新常态下对经济发展、社会稳定、人民幸福以及建设创新创业型的强国具有十分重要的现实意义。

第一节　企业管理模式对大学生创新创业的影响

人力资源管理（HRM）是指在经济学与人本思想指导下，通过招聘、甄选、培训、报酬等管理形式对组织内外相关人力资源进行有效运用，满足组织当前及未来发展的需要，保证组织目标实现与成员发展的最大化的一系列活动的总称[②]。人力资源管理是企业经营管理过程中的重要内容，是提升企业人才竞争力的重要手段。一方面，优秀的人力资源管理通过激发每个个体的工作积极性与潜在能力，有效推进企业稳步开展生产经营活动；另一方面，优秀的人力资源管理可以优化企业人才的整体构成，为企业各个时间段的生产经营活动提供人力资源保障，增加企业的经济效益，稳定企业的长远发展状态。笔者主要从北部湾经济区创业型中小企业人力资源管理模式的现状入手，剖析了其在选人、用人、育

---

① 中华人民共和国教育部．教育部关于做好2015年全国普通高等学校毕业生就业创业工作的通知[EB/OL]．http：//www.moe.gov.cn/srcsite/A15/s3265/201412/t20141202_180810.html.

② 刘展．制度管人流程管事　做最简单高效的管理者[M]．北京：中国财富出版社，2015.

人、留人方面存在的不足之处，并以此为基础从企业、政府、高校三方面对北部湾经济区创业型中小企业的人力资源管理模式进行了新的探索。

一、北部湾经济区创业型中小企业人力资源管理的调研结果

笔者通过设计“北部湾经济区创业型中小企业人力资源管理模式调查问卷”，调研分析北部湾经济区创业型中小企业人力资源管理的困境。调查问卷通过“问卷星”网站发布的方式采集，共有106家企业参与了调查。

（一）人才招聘问题

企业的人才招聘问题较为多样化。受访的企业在人才招聘过程中遇到的常见问题是“应聘者职业定位不准确”的占58.82%，“应聘者人数少”和“应聘者能力与岗位要求不匹配”的占52.94%，“应聘者职业规划不清晰”和“应聘者职业心态不成熟”的占47.06%。具体情况如图5-1所示：

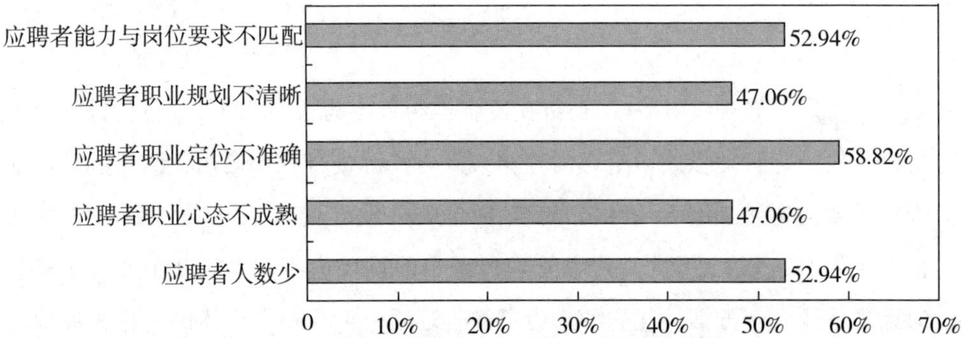

图5-1 北部湾经济区创业型中小企业在人才招聘过程中遇到的常见问题调查结果图

（二）人才开发难题

企业的人才开发难题存在普遍性。受访的企业在人才开发方面遇到的最大问题是“人才流失严重”的占52.94%，“招聘渠道单一”的占35.29%，“招聘成本高”和“培训成本高”的占29.41%。具体情况如图5-2所示：

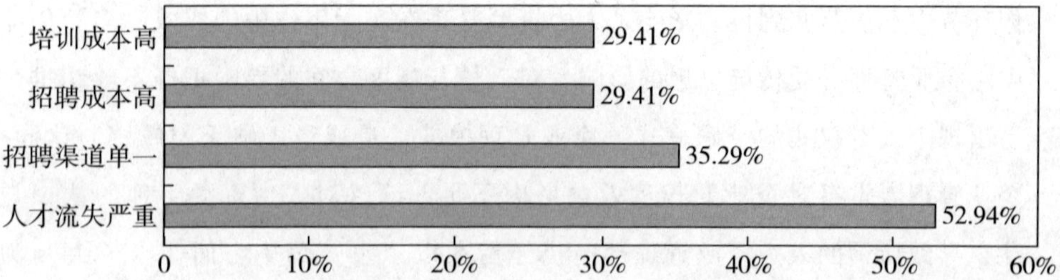

图 5－2　北部湾经济区创业型中小企业在人才开发方面遇到的最大问题调查结果图

（三）人才缺乏原因

企业的人才缺乏原因具有集中性。受访的企业表示人才缺乏的主要原因是“较难提供高薪酬高福利”的占 52.94%，“知名度不高”的占 35.29%，“人才培训力度较小”和“其他”（主要是同行竞争压力大、人才期望大于能力等）的占 23.53%，“企业发展不够稳定”的占 11.76%，“企业文化建设意识不强”的占 5.88%。具体情况如图 5－3 所示：

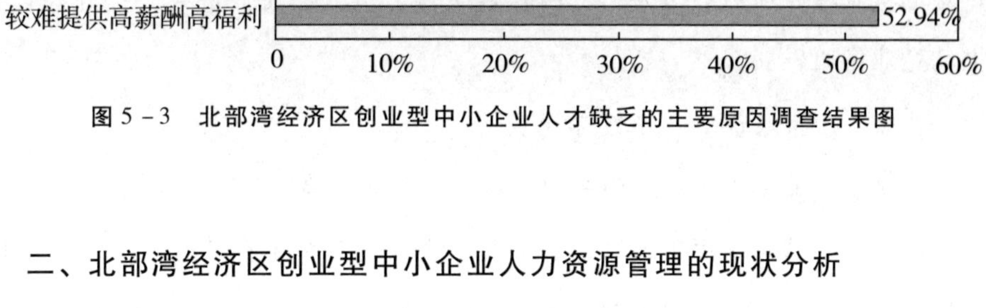

图 5－3　北部湾经济区创业型中小企业人才缺乏的主要原因调查结果图

二、北部湾经济区创业型中小企业人力资源管理的现状分析

（一）人力资源管理体系不够完善

创业型中小企业受限于自身尚不成熟稳定的状态，在实施人力资源管理工作的过程中，缺乏完善的管理体系作为核心，在指导和规范人力资源管理的各个工

作环节中无法落实到位，影响了人力资源管理在实际工作中的成效。多数创业型中小企业管理者受传统思想的影响，对人情与制度之间的界限把握不够精准，容易出现个人专权式的“家庭式”企业管理模式，造成员工缺乏归属感与认同感。企业管理者本身对企业的长远效益考虑不足，缺乏对人力资源管理的认识与关注，导致所谓的人力资源管理部门仍停留在以“事”为中心而非以“人”为中心的角色定位，并未有效发挥人力资源管理的职能。创业型中小企业管理者在其初创阶段由于缺少经验，对人力资源管理缺乏正确的认识，导致人力资源管理制度不够严谨，缺少人性化管理，难以通过制度激发员工的工作热情。同时，创业型中小企业的文化建设相对滞后。企业文化有利于员工形成凝聚力，积极向上的企业文化氛围能对员工形成向心力，塑造良好的企业形象，但管理者缺少对企业文化的正确认识，出现“口号文化”现象，即企业文化内容停留在口号上而缺少现实可行性，这不利于创业型中小企业长期稳定的发展。

（二）人才竞争激励机制不够健全

良好的人才竞争激励机制能充分激发员工的积极性与主动性，激活他们的内在动力，在促进人才成长的同时，帮助企业走得更远更好。但现实的情况却是，一方面，多数创业型中小企业没有制定合理有效的人才竞争激励机制，员工对自身的职业发展路径、晋升通道和未来前景触摸不到，美好的愿望就像是“空中楼阁”，可望而不可即；另一方面，没有构建科学完善的人才竞争激励机制，无法将激励机制很好地服务于人力资源管理工作，也就无法促进人才提升综合素质、推动企业健康发展。

（三）人才培训重视程度不够充分

大多数创业型中小企业由于资金有限，企业规模不大，大部分资金用于维持企业的日常运营上，再加上管理者对人才培养重视程度不够充分，导致企业对员工培训的力度过小，对员工的培训投入更是少之又少。与大型企业相比，员工晋升空间有限，再加上加班的时间与回报随意性大，最后导致企业人才流失严重。创业型中小企业在人才培训方式的选择上，主要以开设专门培训班的方式为主，通过集中授课与传统教学的方式，加强员工对知识的进一步认识和理解，授课教师主要是行业内的专家学者或者是企业内部的业务骨干。对于培训后的考核与应用，也主要以书面测验为主，至于员工是否真正能将培训所获应用于实际工作中，缺乏科学的考核机制，最终使培训的形式大于内容。

三、北部湾经济区创业型中小企业人力资源管理模式新探索

针对北部湾经济区创业型中小企业人力资源管理过程中存在的问题，笔者拟从企业自身、政府层面以及高校角度对北部湾经济区创业型中小企业人力资源管理模式进行新的探索。

（一）建立科学完善的人力资源管理体系

1. 树立科学的人力资源管理观念

建立科学完善的人力资源管理体系，首要的是进行观念的革新，牢固树立以人为本的管理思想。创业型中小企业在实施人力资源管理战略时，要做到以人为本，对员工给予充分的人性关怀，对于员工提出的合理需求予以重视，根据员工的个人特质，在企业条件允许的情况下，充分尊重员工的个性发展需要。避免"家庭式"的企业管理模式，在企业文化建设方面，要努力营造积极向上、公正平等的企业氛围，让每一位员工都有机会参与制定企业未来的发展目标，增强员工对企业的认同感，促使员工努力为共同目标而奋斗。创业型中小企业管理者要转变落后的管理思想，树立长远的人力资源管理战略目标，不能只关注企业的短期利益；要树立科学的人力资源管理观念，高度重视企业人力资源管理的建设与规划，加大投入，注重具有专业知识素养的人力资源管理人才的引进与培养。

2. 构建合理的人力资源规划

人力资源规划是人力资源管理的基础和前提，创业型中小企业管理者在制定人力资源规划时必须紧紧围绕企业发展目标这个核心，根据企业发展的战略布局来制定切实可行的人力资源规划，只有事先进行人力资源规划，才可以有效地防止在需求用工时出现短缺的现象。

3. 刚性管理与柔性管理齐头并进

创业型中小企业要想良性稳定地发展，必须依靠刚性管理，抛弃过去"人情大于法理"的管理模式，即通过严格的规章制度来规范企业的经营发展行为和员

工的工作行为，奖罚分明，形成按制度办事的机制，引导员工形成严谨的工作态度。与此同时，要以人为本，倡导根据员工的个人特质与发展潜力，柔性化管理，充分发挥每一位员工的主观能动性与主人翁精神，不断提高员工的集体荣誉感和对企业文化价值观的认同，以此增加企业的凝聚力。通过刚性管理与柔性管理齐头并进的管理方式，促进企业长远发展。

（二）优化人才的激励机制，健全人才的绩效考核

1. 优化人才的激励机制

激励机制要充分地从物质激励与精神激励两方面着手，统筹兼顾。在物质激励方面，要构建科学公平且合理的薪酬管理制度，结合本地区、本行业的经济发展状况，制定与实情相吻合的薪酬标准，坚持付出与收入成正比的原则，激励有干劲的员工积极投身工作；在精神激励方面，关注员工的个人特质，从员工的兴趣、性格、能力以及价值观的实际特征入手，人性化管理，根据员工的需求层次设计出科学有效的激励机制，充分调动员工的主动性与积极性，帮助员工寻找到符合自身需求的职业生涯发展通道。

2. 健全人才的绩效考核

绩效考核要根据企业自身生产与经营管理的实际情况，既要有质性的考核指标，又要有可量化的考评数据。考核指标的设置要科学合理，能体现工作业绩和实效，将业绩、能力以及个人品格等多种因素纳入考核体系之中；考评数据要真实可靠且可衡量。将质性指标与量化数据两者结合起来，并将考核的结果运用于员工的薪酬福利和职位晋升，激发员工的内在驱动力，促进员工以主人翁精神与状态投入企业的生产经营中，帮助创业型中小企业向稳向好发展。

（三）重视人才培训模式的优化

创业型中小企业要想留住人才，必须重视人才培养环节，形成切实有效的人才培养“绿色生态”模式。员工的职业素养与能力水平与企业的生产经营密切相关，只有重视员工的人才培养，持续优化人才培养模式，才能积极促进企业良性发展。一是要高度重视人才培养工作，设置专门的人才培养管理部门，制定一套优秀的人才培养计划，定期、定主题开展相关的培训。二是要采用科学有效的

人才培养方式。结合当前互联网时代特征，开展形式多样的培训，如讲座、沙龙、户外拓展、远程培训等，提高人才培训的质量。三是要开展培训结果评估与反馈，准确了解各个员工的培训知识与技能的掌握程度，同时，通过员工对培养效果的反馈，为后续改进培养工作提供依据。

四、北部湾经济区创业型中小企业人才招聘特点及对策

自2014年李克强总理提出“大众创业、万众创新”理念以来，创业型的中小企业尤其是大学生创业如雨后春笋般涌现，地处我国沿海西南端的广西北部湾经济区也不例外，越来越多的有志青年加入创业的新浪潮中，为激发民族的创业精神和创新基因燃烧着热量。创业型中小企业对北部湾经济区的快速发展发挥着重要作用，不仅促进了当地经济的发展，也为社会提供了更多的工作岗位，有效缓解了当前就业形势严峻局面下的就业压力。创业型中小企业有着良好的发展前景和巨大的发展潜力，国家在创业方面也提供了众多促进其成长发展的优惠政策。尽管创业型中小企业拥有优越的外部环境，但内部的人力资源管理方面存在的问题却不容忽视，正如广西壮族自治区党委书记鹿心社所言：“让八桂大地壮起来、美起来，核心是发展，关键靠创新，根本在人才。”人才是企业竞争力的核心关键，它具有稀缺性、难模仿以及难替代的特质。创业型中小企业若要在市场竞争日益激烈的环境中不断发展壮大，优秀的人才储备尤为关键，这也意味着人才招聘在中小企业的发展过程中至关重要。笔者以北部湾经济区创业型中小企业人才招聘现状的调研为基础，针对其存在的问题，从人才招聘的战略规划、企业文化、职业测评、招聘渠道等方面提出相应的解决对策。

为了解北部湾经济区创业型中小企业人才招聘的现状，笔者设计了“北部湾经济区创业型中小企业人才招聘现状调查问卷”，问卷通过“问卷星”网站发布的方式采集，共有87家企业参与了调查。

（一）北部湾经济区创业型中小企业人才招聘的现状调查

1. 人才需求

企业对人才需求分析的重视程度很高。受访的企业100%表示在进行招聘前都有进行人才需求分析，这就意味着企业对人才的招聘是有计划的。在进一步的

访谈中，部分企业人力资源负责人表示，他们感觉企业的人才招聘计划并不能很科学地保证人才到岗的留存率。

2. 人才测评

企业对人才测评工具的使用程度较低。受访的企业表示有使用人才测评工具的占 43.75%，没有使用人才测评工具的占 56.25%。

3. 人才素质

企业对人才的素质要求往往较综合。受访的企业对人才更为看重的素养排在前 5 位的分别为“责任感”“承受压力”“适应变化”“协作意识”和“独立工作”。具体情况如图 5－4 所示：

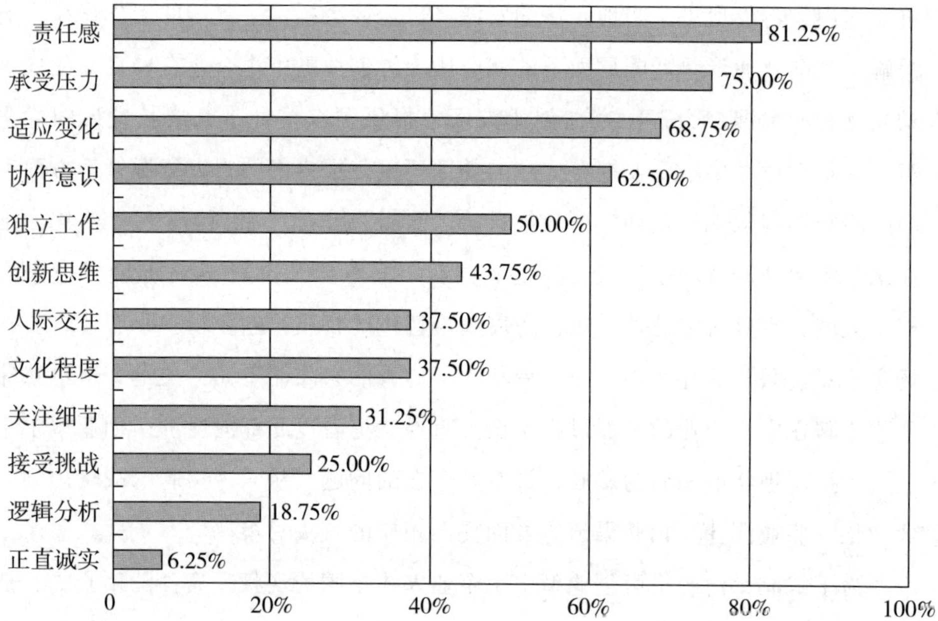

图 5－4　北部湾经济区创业型中小企业对人才更为看重的素养调查结果图

4. 招聘渠道

企业对人才的招聘渠道相对较单一。受访的企业有 52.94% 表示他们招聘的主要渠道集中在专业化的招聘求职网站，17.65% 通过现场招聘会，11.76% 通过网络招聘会，11.76% 通过熟人或内部介绍。具体情况如图 5－5 所示：

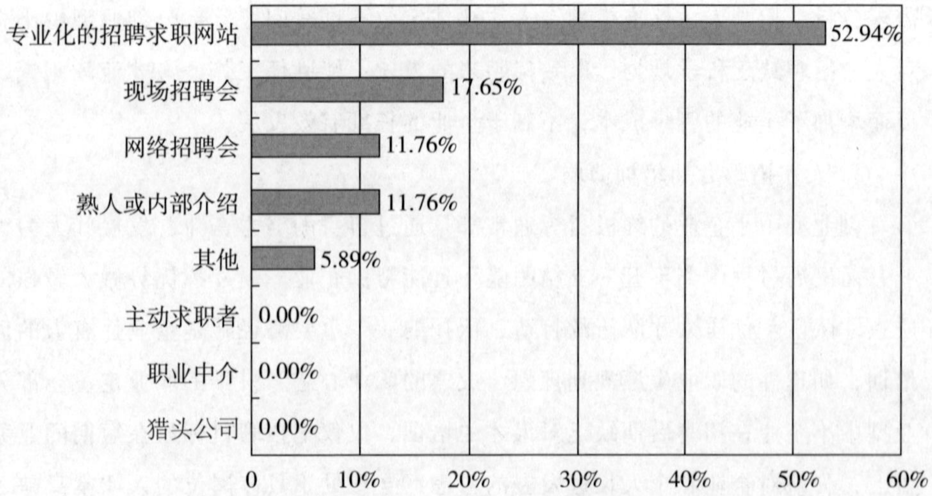

图 5－5　北部湾经济区创业型中小企业招聘渠道调查结果图

（二）北部湾经济区创业型中小企业人才招聘的问题透视

1. 人才招聘重视程度不够

创业型中小企业前期往往会把精力投入到产品创新和商业模式方面，人力资源管理尚处于被相对忽视的状态，甚至出现为了节约成本，而刻意降低对人力资源规则与人才招聘管理的关注度的情况。部分创业型中小企业的管理人员仅仅把招聘当作一种简单的常规工作来做，认为招聘过来的人员只是为公司打工，与企业未来的发展战略没有直接关系，公司的领导层才是企业发展壮大的关键人物，没有必要将很多的精力花在招聘工作上。部分创业型中小企业没有意识到人才的招聘与选拔对企业发展的重要性，导致招聘工作难以与企业的人才储备计划相契合，企业缺少合适的人才支撑，反而在增加成本的同时阻碍了企业的良性发展。

2. 人才招聘缺乏科学规划

创业型中小企业在人才招聘方面的需求分析与合理规划缺乏科学性。部分创业型中小企业的资本构成相对有限，而有限资本又要投入到企业各方面的运营发展之中，企业在现阶段考虑更多的是如何通过减少人才招聘的成本来降低管理成本，这对企业发展的长期效益是具有反作用的。企业的招聘工作往往在岗位空缺或人员流动时才开始，在此之前并未做过战略性的系统规划，出现缺乏工作岗位需求分析、招聘人才标准模糊、人才评估定位不准等问题。部分创业型中小企业对人才招聘缺乏科学规划，以致招聘来的人才不能胜任工作，人才流动频繁，这反而增加了企业的管理成本，不利于企业的长期有效发展。

3. 人才招聘后期培训薄弱

创业型中小企业的终极目标通常都是通过自身的努力奋斗，发展壮大为大企业，而发展过程中离不开一支精明能干且能帮助企业不断发挥优势做大做强的优质人才队伍。优质人才队伍的打造，依托的一个重要路径就是企业强有力的后期培训，如理性的职业生涯规划理想、成熟的职业心态、科学的职业定位。部分创业型中小企业在招聘后期缺乏对人才的培训，仅仅把招聘目标放在短期的业务需要上，欠缺对企业和个人长远发展的考虑，导致处于具体岗位的人才本身缺乏正确的职业定位。

（三）北部湾经济区创业型中小企业人才招聘的优化对策

1. 创新招聘理念，重视人才引进

习近平总书记指出："发展是第一要务，人才是第一资源，创新是第一动力。中国如果不走创新驱动道路，新旧动能不能顺利转换，是不可能真正强大起来的，只能是大而不强。强起来靠创新，创新靠人才。"创业型中小企业要想发展壮大，必须创新招聘理念，高度重视人才引进工作，树立正确的人力资源管理观，把优秀人才当成企业战略资源来看待。创业型中小企业首先要进行科学的人才供需预测，根据企业未来的发展战略和市场环境的变化情况，采用科学有效的人力资源管理方法制定有关政策和保障措施，保证人才的总体需求，制定切实可行的人力资源发展战略目标。

2. 规范招聘流程，拓展招聘渠道

（1）规范招聘流程。创业型中小企业的招聘负责人必须提前做好充分准备，细化招聘工作的各个环节，各司其职。首先，做好人才需求的预测分析以及战略规划，确定具体所需的人才类别和数量。其次，进一步制定具体的招聘工作方案，包括招聘标准、招聘渠道、招聘方式、负责人员、完成时间以及保障措施等。最后，把关最重要的面试环节，这需要招聘负责人本身具有慧眼识珠的专业技能，不能仅凭"第一印象"或个人喜好进行人才选拔，需要结合科学的人才测评工具，从能力、品质、职位需求等多个方面进行综合评价与考量，高效地为企业选拔出合适的人才。

（2）拓展招聘渠道。改变传统的招聘方式，寻找到更符合企业自身发展需要的人才招聘渠道至关重要。合适的招聘渠道不仅能帮助企业引入更优秀、更合适的人才，而且是企业进行品牌形象打造与文化宣传的重要途径。除了在传统的专业化求职网站发布招聘信息，还可以根据不同的人才需求参加各类招聘会，如参加各高校举办的现场招聘会、网络招聘会以及行业招聘会等招聘高校毕业生；参加各人才市场举办的专场招聘会、网站招聘、内部推荐等招聘社会人员；参加高端人才招聘会、与职业中介和猎头公司合作等招聘高端专业技术人才；另外，微信朋友圈、企业秀等平台也是不错的企业宣传与人才招聘渠道。在各招聘渠道中，网络招聘不仅能节省成本，而且可以有效扩大招聘范围，对于企业自身也起到了很好的宣传作用。

3. 细化招聘标准，遵循人职匹配

创业型中小企业在人才招聘之前应提前通过实际调查对企业岗位进行详细的分析，了解岗位要求，细化岗位人才需具备的知识技能与品质，明晰各岗位招聘的具体标准，对岗位所需人才进行准确定位，遵循人职匹配的原则。在了解能力方面可采用人才测评软件如 AMCAT 全球标准化职业能力测评等进行更为科学的人才能力评估；在面试环节可通过设计情境问题、模拟场景等全方位考查应聘人才是否能胜任相应岗位。通过对应聘人才进行科学准确的识别与评估，为人才找到更合适的岗位，也为岗位找到最合适的人才，真正实现人职匹配。

4. 树立企业形象，加大培训力度

创业型中小企业本身规模较小、挑战较大、知名度低，要想招聘到人才、吸引到人才、留得住人才，就需要树立良好的企业形象，营造自身独特的企业文化。一方面，企业要树立正确的人才观，重视人才招聘工作，加大人才培训力度；另一方面，企业高层要注重人才的个人需求，关注人才的工作价值观，尽可能为人才提供相应的物质与精神保障，让人才树立信心。企业的发展离不开人才的大力支持，而企业的壮大也必然给人才带来更多的发展机遇，只有构建好个人与企业荣辱与共的命运共同体，创业型中小企业才能稳步健康地发展壮大。

在互联网时代，市场竞争不仅日趋激烈，而且瞬息万变，创业型中小企业取胜的关键与人才这一重要的企业战略资源密切相关。虽然创业型中小企业与成熟的大企业有差距，但并不意味着创业型中小企业争取不到适合其自身发展的优质人才队伍。当前，创业型中小企业人才招聘的问题是对人才招聘工作不够重视、人才招聘缺乏科学规划、人才招聘后期培训薄弱等。北部湾经济区创业型中小企业要想在新一轮的创业浪潮中稳操胜券，必须根据企业的实际情况进行人力资源的战略规划，包括创新招聘理念、重视人才引进、规范招聘流程、拓宽招聘渠道、细化招聘标准、遵循人职匹配、树立企业形象、加大培训力度等，不断提高人才招聘的效率与质量，助推企业稳定向好发展。

第二节　创新创业教育与管理模式探索

2012 年 8 月，教育部制定了《普通本科学校创业教育教学基本要求（试行）》。该基本要求指出："在普通高等学校开展创业教育，是服务国家加快转变经济发展方式、建设创新型国家和人力资源强国的战略举措，是深化高等教育教学改革、提高人才培养质量、促进大学生全面发展的重要途径，是落实以创业带动就业、促进高校毕业生充分就业的重要措施"。由此可见，开展创业教育来培养大学生创业素养已然成为高校教育发展中面临的一项重要课题。

一、大学生创业素养的现状及培养策略探究

（一）"创业素养"概述

对于创业素养所含内容与基本内涵，国内不同的学者、研究者从各自的侧重点提出了不同的看法，有两种观点较有代表性：一是认为创业素养的基本内涵包括创业知识、创业能力、创业人格三个层面，其中创业知识包括专业技术知识、经营管理知识和综合性知识，创业能力包括社会能力、认知能力和操作能力，创

业人格包括信念、敬业精神和道德情操等；二是与创业素质的内涵进行对比，认为创业素质与创业素养的内涵并不完全一致，素质比较侧重于一个人的思想及品质，相当于人文素养及先天性的生理因素，而素养包含的内容更丰富，是素质和修养的统一，除良好的素质之外，创业素养还包括有利于创业成功的专业知识、有关创业的专门知识、经验及技能修养等，创业素养是在具备较高的专业知识水平的基础上形成的。

笔者所采纳的创业素养内涵，来源于联合国教科文组织 1994 年在泰国曼谷召开的有关创业和创业教育的专题会议上发表的题为《培养创业精神》的报告，报告将“创业素养的能力结构”概括为四大能力共 22 个要素（指标）：一是启动能力，包括自我概念、敏感性、有雄心、首创性、承担风险、灵活性、毅力、自始至终、自律；二是强化能力，包括信息能力、职业技能、社会技能、管理技能；三是持续能力，包括善待成功、善待失败、合乎道德；四是实施能力，包括预见、识见、计划、执行、评价、反馈①。

（二）大学生创业素养的现状

为了解大学生创业素养的现状，笔者采用问卷调查的方式进行研究与分析。问卷设计围绕“创业素养的能力结构”的四大能力 22 个要素（指标），共有 33 道题。调查对象选取了广西北部湾沿海的一所公办院校——钦州学院（现为北部湾大学），生源类别涵盖了师范类与非师范类，以毕业班的学生为主，非毕业班的学生为辅。调查方法主要通过现场发放与回收问卷的方式进行，共发放问卷 1200 份，回收问卷 1103 份，回收率为 91.92%。通过对回收问卷的数据进行整理，并用 Excel 表格的统计功能对实际数据所呈现的事实进行说明，直观地展现了钦州学院大学生创业素养的现状。

对四大能力中启动能力的调查结果显示，有 62.3% 的学生自律能力较强，有 65.7% 的学生灵活性较好；而在自我概念、敏感性、有雄心、首创性、承担风险、毅力和自始至终方面均未达到 50%。以上数据表明，大学生在创业的启动

① 钟志贤．大学教学模式革新：教学设计视域［M］．北京：教育科学出版社，2008：41－42.

能力方面较弱。

对四大能力中强化能力的调查结果显示，有70%的学生信息能力较强，有51.6%的学生职业技能较强，其中师范类学生职业技能的优势表现得更为突出；而在社会技能和管理技能方面均未达到50%。由此可见，大学生在创业的强化能力方面欠佳。

对四大能力中持续能力的调查结果显示，有63.6%的学生表示能够合乎道德，有51.4%的学生表示能够善待成功，只有39.3%的学生表示能够善待失败。这些数据说明，大学生在创业的持续能力方面比较一般，而不能善待失败，反映出大学生害怕承担创业风险的心理，对于创业者来说，担心承担失败风险的心理对创业的成功实现将造成关键性的影响。

对四大能力中实施能力的调查结果显示，有68.6%的学生反馈能力较好，而在预见、识见、计划、执行、评价方面的能力较差，均未达到50%。调查结果说明，大学生在创业的实施能力方面不强。

通过对调查结果的综合分析，可以看出，当前钦州学院大学生创业素养的现实状况是在创业素养方面他们还显得较为薄弱。即使有了创业的意识和想法，但启动能力、强化能力、持续能力、实施能力的缺乏，直接影响他们在创业活动实施过程中的顺利进行。

（三）大学生创业素养薄弱的缘由

大学生本身是一个充满激情与绽放活力的群体，能够考入高等学府，可以从一个侧面说明大学生的知识学习与运用能力是较强的，其投身于经济发展与社会建设的浪潮中也是具有明显优势的。而现实情况是：大学生在就业道路的选择上，有较多人选择进入他们认为相对稳定的行业，比如公务员、国有企业与事业单位等，对于进入民营企业、外资企业以及自主创业总是心存不安，害怕因失败而承担风险，所谓的“铁饭碗”在他们心目中依然占据着非常重要的地位。究其原因可以从以下几个方面分析：

1. 社会环境的影响

在1998年高等院校扩招以前，学子们需“千军万马过独木桥”方能进入高等学府接受教育，培养的模式是“精英化教育”，大学生被封为“天之骄子”；

而在1998年高等院校扩招之后，由于录取的人数大幅度增加，录取比例提高，学子们进入高等院校较之前要相对容易，培养模式从“精英化教育”向“大众化教育”倾斜。而在社会的评价体系里，大学生依然是“天之骄子”，能够进入高等院校学习是件“光宗耀祖”的大事，既然是“天之骄子”，工作必须体面、稳定，而能够进入政府系统、事业单位或国有企业等行业就成为他们的首选。对于自主创业，则被认为是找不到工作或没有出息的表现，因此他们难以接受毕业即创业的事实，同时父母也不想让自己的孩子承担太大的风险。父母对创业的担忧以及不信任对于想创业的大学生来说必然造成巨大的心理压力。

2. 创业教育的滞后

我国的中等教育在“两考”的指挥棒下，导致老师教学与学生学习的重点都围绕“两考”考点而进行知识掌握，而对于未来创业所需要的素质与修养的培养则涉及较少，如创新思维能力、人际交往能力、组织协调能力、管理沟通能力、抗挫折能力、诚实守信、团结合作、自信自立等。

进入高等教育后，创业教育的普及率依然较低，在课程设置与教学方法上还延续以前“精英化教育”以及就业分配体制下的研究型大学模式。而创业师资队伍的紧缺，也是造成我国创业教育相对滞后的重要原因。创业本身是实践性很强的活动，单纯的理论解读并不能解决创业的实务问题，高校教师在这一方面是薄弱的，加之多数教师本身的市场洞察能力与创新创业能力欠缺，因此也就难以引导学生进行创新创业实践活动。

（四）大学生创业素养培养策略

1. 创设利于创业的外部环境

（1）政府层面。创业教育是一个庞大而系统的工程，创业教育并不只是高校的事情，政府对创业教育实施的推动作用也是非常重要的。众所周知，高校的发展离不开政府在人力、物力和财力方面的投入与支持，对大学生创业素养的培养同样需要政府乃至社会方方面面的通力合作。

近几年，政府也相继出台了针对高校毕业生自主创业的优惠政策，如税收优惠、小额担保贷款和贴息支持、免收有关行政事业性收费、享受培训补贴、免费创业服务、取消高校毕业生落户限制等。同时，在提升毕业生自主创业能力方面，各地人力资源和社会保障部门形成了一些成熟的创业培训模式，如“GYB（产生你的企业想法）”“SYB（创办你的企业）”“IYB（改善你的企业）”，参加创业培训和实训，还可按规定享受培训补贴。由此可见，政府在资金、服务方面都为大学生创业提供了保障与支持。

尽管政府为大学生创业实践以及创业素养的培养制定了一系列的帮扶政策，但政策在执行过程中力度不强或限制条件过多也影响了政策实施的效能，比如在注册微型企业获得财政补贴这块，对大学生有着严格的行业限制条件，有些地方政府的政策规定只有文化创意、高新科技、信息技术三类行业可获得补助，这就将创业的面局限在一定专业范畴，对于创业教育的普及是个不小的障碍，再如大学生去注册微型企业时，有些政府部门以名额已满为推托，不积极为大学生办理，这样的不作为也影响了大学生创业的顺利开展。

因此，政府只有完善政策的制定、强化政策的执行，才能真正意义上为大学生创设良好的创业外部环境。

（2）高校层面。高校作为大学生创业教育的主阵地，承担着大学生创业素养培养的重要职责。而我国高校创业教育的迟滞，给创业教育的实施带来了瓶颈。作为高校，在创业文化环境的建设方面需加大力度，良好的文化环境才能更好地促进人的成长成才。目前高校在创设校园创业文化方面也做出了积极的努力，在创业活动方面，组织“创业计划大赛”、开办“成功企业家和校友讲座”、实施“创新创业训练项目”等；在平台建设方面，创办“大学生创新创业园”和“创业孵化基础”；在课外科技活动方面，举行数学建模竞赛、软件竞赛、电子设计大赛等。但能够参与到这些创业实施活动的大学生毕竟是少数，多数大学生并没有机会获得创业平台去实施自己的创业梦想。

高校在创业文化环境创设方面不能仅限于创业实务活动的开展，还应将创业文化的核心——创业精神融入校园文化的建设中。创业精神是创业者在创业过程中重要行为的高度凝练，包括勇于创新、敢担风险、团结合作、坚持不懈等。通过创业文化的熏陶，耳濡目染，潜移默化，从而提升大学生的创业素养。

（3）家庭层面。受中国传统文化的深刻影响，多数家庭的父母非常乐于为自己的孩子规划未来，甚至“包办”。父母自认为他们是过来人，拥有比孩子更多的社会阅历，更有经验为他们的未来做出判断，殊不知，社会无论是经济、政治还是文化方面都在时刻发生着巨变，与此同时，每个人的兴趣、爱好、个性又都是不一样的，如何尊重孩子自己的人生追求，是每个父母应该重新审视的问题。

在家庭环境的创设方面，一方面家长应多听听孩子的真实意愿和想法，尊重他们的选择，鼓励他们用自己的青春、知识、能力来开创属于他们自己的未来；另一方面，作为孩子自己也应学会与父母沟通，晓之以理、动之以情，争取让父母在就业创业道路的选择上给予理解与支持。

2. 调整课程设置与建设师资队伍

（1）调整课程设置。课程设置是创业教育教学的先决条件。合理地设置创业课程对大学生创业素养的培养起到关键作用。目前，多数高校未单独开设针对全体学生的创业必修课，采用的创业课程设置是在就业指导课内穿插创业知识版块，课时非常有限，而内容也主要侧重于创业理论知识，对于创业实务的内容涉及较少。

高校可以通过开设创业必修课和选修课相结合的方式进行课程设置，其中必修课侧重于对大学生创业精神的培养，而选修课侧重于创业能力的塑造，为创业实践活动提供实务指导与服务，必修课和选修课均纳入学分制管理。在创业必修课的教学内容设置上，可以涵盖创业精神、创业与职业发展、创业者与创业团队、创业机会与创业风险、商业模式开发、创业资源、创业计划与新企业开办等；在创业选修课的教学内容设置上，可以按创业实务的要素模块化设置，包括市场调查、公司形式、公司法、合同法等。

除开设必修课与选修课，还可以通过加强课外活动和社会实践来充实课堂学习。在课外活动方面，充分利用校内外的资源进行整合，举办形式多样的创业大赛与创业讲座，积极参与创业社团活动等。在社会实践活动中，除了依托校内的大学生创新创业园，还可以依托校外的科技创业园区或产学研实践基地等。

（2）建设师资队伍。师资队伍是创业教育顺利实施的关键因素。目前高校就业指导课程以兼任教师为主，鲜有专任教师，而教师的专业背景也是千差万别的。创业教育是门实践性很强的学科，对创业教师的素质与能力要求相对较高。

高等学校的创业教育师资队伍应以专任为主、专兼结合的方式，配备较高质量与数量足够的专任教师。在专任教师队伍建设中，加强培训，提高教师的业务水平与教学能力，同时注重在专业教育中融入创业教育；在兼任教师队伍建设中，积极聘请有一定学历基础的创业成功人士、企业家与专家学者担任兼职教师。

3. 变革创业教育的教学方法

教学方法是创业教育顺利实施的重要保障。传统的教学方法以知识传授为主，方式上以灌输为主，教师是教学实施的主体，而学生是被动的接受者，将书本知识定为标准，这样培养出来的人才在实际工作中往往按部就班，缺乏创新也不积极地进行主动思考，喜欢被动地接受事物，而不是主动寻求解决问题的办法。而在创业教育课程的实施过程中，这样的传统教学方法显然是不适宜的。

创业教育的教学方法应倡导项目化、模块化以及参与式教学，在教学过程中使用小组讨论、头脑风暴、角色扮演、案例分析等方式，以此激发学习者的积极性与主动性，学会从不同的角度来思考问题，培养创新思维，调动主观能动性，积极寻求解决问题的答案。国际劳工组织开发的创业培训模式中的“SYB 创业培训”的十步教学方法和“KAB 课程”的八个模块教学方法值得高校创业教育课程教学学习与借鉴。

二、创业教育模式

创业教育模式作为创业教育理论和创业教育实践活动的中介，包括教育活动的各个要素以及各个环节的组合与构成。创业教育活动与其他教育活动一样，不是无意识的、盲目的，而是自觉的、有目的的①。目前我国创业教育的模式主要有三种：以提升学生综合素质为重点的创业教育、以提高学生创业素养为重点的创业教育和以培养学生创新能力为重点的创业教育。笔者认为，地方高校需紧紧围绕培养适应社会需求的应用型人才目标，使创业教育模式将培养学生的创新能力和提升学生的创业素养并重。

---

① 鲍冠艺．浅析技术应用型本科院校创业教育模式［J］．改革与开放，2009（05）：186－187.

三、剖析当前地方高校创业教育模式中存在的主要问题

（一）创业教育目标不明

无论何种教育，都应有自己的目标，创业教育也不例外。在教育学原理中，教育目标是指人们根据社会发展需要和人的发展需要综合确定的产品质量规格和要求。明确的创业教育目标是开展创业教育的出发点与归宿，是创业教育总体设计所要解决的基本定位问题①。随着国家对创新创业教育的重视，地方高校也开始了自己的摸索，从开设创业课程、举办创业讲座以及建立创业孵化基地等形式寻找创新创业教育的影子。在实施创新创业活动的过程中，创业教育工作者们却发现这样一个问题，教育者与接受教育者的态度是被动的。创业教育者多数未创过业，而接受教育者认为自己不会选择创业，教育者“心虚”，接受教育者“心乱”。究其原因，是创业教育者没有理清创业教育的目标是培养学生的创业精神和提高学生的创业素养而非教大家直接去创业，而接受教育者未认识到创业教育不是简单地让大家直接去创业，而是让大家提升自身创新创业意识与能力。因此，高校创业教育工作者对创业教育目标的不明确阻碍了创业教育参与者和大学生的积极性与主动性。

（二）创业课程设置单一

创业课程设置的合理性与教学方法的适用性，直接影响到创业教育课程的实施效果。在课程内容上，地方高校当前比较普遍的做法是在“职业发展与就业指导”课程中设置“自主创业”章节内容作为创业课程实施的主要依据，内容一般只包括创业过程的阐述与讲解。尽管2012年教育部出台了《普通本科学校创业教育教学基本要求（试行）》通知，要求高等学校应创造条件面向全体学生单独开设“创业基础”必修课，但真正单独开设“创业基础”的地方高校较少。这是因为地方高校某些行政部门对“创业基础”的认识不深、重视不够，认为条件不具备而暂不单独开设“创业基础”课程，维持将创业方面的知识与内容

① 曾成．高校创业教育目标及其实现［D］．长沙：中南大学，2007.

保留在原来的就业指导课程中进行教学。在教学方法上，多数还停留在传统的教学方式上，比如大班教学、以教师为中心、满堂灌，原因主要为师生比例不协调、硬件条件不具备、教师观念未转变等。创业课程内容较单一与教学方法不适用，影响了创业教育课程的实施效果。

（三）创业师资严重不足

创业师资是顺利实施创业教育的关键因素。有好的课程方案、好的教学体系，没有好的教师推广，就是一纸空文，因此创业教育师资是创业教育能否顺利实施的核心。当前地方高校的创业师资严重不足。一是没有专职的创业教育教师，多为负责就业工作的行政管理人员负责创业教育的设计与实施；二是校内的兼职创业教育教师，不仅缺乏创业实战经验，而且由于没有接受过系统的创业教育学习以及缺少创业培训与挂职锻炼的机会，理论水平普遍不高。创业师资的严重不足，影响了创业教育的推广与普及。

（四）创业实践平台不够

创业实践平台是否足够关系到创业教育成果能否顺利转化。马克思主义哲学认为，实践出真知，实践是检验真理的唯一标准。创业课程所学的理论知识要变成创业的“真金白银”，需要实践平台的支撑。地方高校主要是通过创业大赛、校内外创业孵化基地等方式为学生提供创业实践的机会。创业大赛的目标主要是营造创新创业氛围、弘扬创新创业文化以及提升创新创业水平，学生参赛多数是停留在创意阶段，项目并未得到实施，赛后缺乏跟踪指导，项目最终的结果只是比赛的名次，对提升学生的创业实践能力非常有限。校内外创业孵化基地由于能提供的场所较少，对于地方高校近万人的学生规模而言显得“捉襟见肘”，仅是小部分群体能得到创业实践的机会。创业实践平台不够，阻碍了大学生创业实践能力的提升，最终影响了大学生创业素养的培养与形成。

（五）创业教育缺乏体系

创业教育体系是指创业教育里的管理体系、课程体系、师资体系、教材体系、评价体系、科研体系、经费体系等。创业教育体系非常不完善，以管理体系为例，创业教育的实施主要依托就业部门的就业创业指导教研室来实施，业务上归教务处管，体制上归就业处管。因此，从事创业教育的人员多为行政管理人员，是一个相对松散的组织，其专长在于管理而非教学，其管理体系不严密。课程、师资、教材、评价、科研、经费均存在不完整的问题。创业教育体系的缺失，影响了创业教育有效实施的步伐。

四、地方高校创业教育模式的新探索

为解决地方高校创业教育模式中存在的主要问题，需对地方高校创业教育模式进行新的探索，构建结构完整、内容丰富、实操性强的创业教育新模式。笔者认为，创业教育新模式应涵盖理论指导和实践服务两大模块，将理论指导与实践服务紧密结合，如图 5－6 所示：

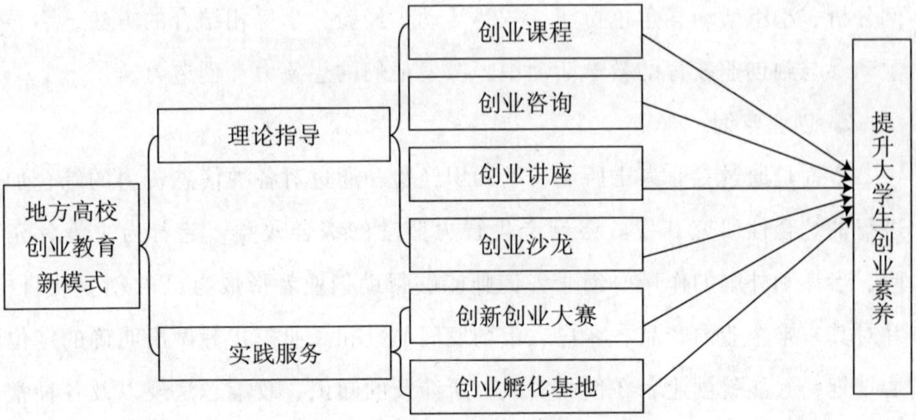

图 5－6　地方高校创业教育新模式

（一）理论指导模块

1. 创业课程

课程是为达到预期的学习成果引导学生付出努力的安排。笔者认为，创业课程是为达到创业教育目标而开设的系列课程或课程群。根据教育部对创业教育的要求，我国高校创业教育的对象为全体学生，目标是使全体学生都具有相应的创业意识、创业精神、创业知识和创业能力等。而创业所要求的创业特质并非每个学生都能具备，因此不可能每个学生都能成为真正的创业者。

在课程内容的选择上，对于多数学生而言，创业教育是培养他们的创业意识、创新精神、创业素质、主人翁态度、正确的价值观，可以开设普及性课程。对具备创业特质或有强烈创业意愿的学生，在普及性课程的基础上有针对性地开设创业技能课程，针对特定专业开设专业选修课，将专业课程与创业课程相融合，如经济管理类专业开设“网店创业”等课程；面对全校学生开设系统的创业教育课程作为公共选修课，如“新企业的创立”“企业财务管理”等；举办创业培训，如电子商务培训等。在课程实施的时间上，可在大二至毕业学年开设。大一通过专业课程的学习与职业生涯规划的指导，对专业和职业问题有了一定的思考和认识，从大二开始开设创业教育课程，有利于学生对专业和职业进行深度分析，加深对创业问题的理解。在课程的教学方法上，可主要采取理论阐述、案例分析、小组活动、角色扮演、竞赛活动、经验分享等相结合的方法，引导学生主动参与到创业教育的教学活动中，激发他们的想象力和创造力。

2. 创业咨询

咨询是通过专业人士所储备的知识经验和通过对各种信息资料的综合加工而进行的综合性研究开发。咨询产生智力劳动的综合效益，起着为决策者充当顾问、参谋和外脑的作用。创业咨询师能够帮助创业者形成自己的创业项目构想，并对其未来企业的产品、客户、市场发展前景和商业模式等做出明确的定位和发展规划；并能就创业者在创业实践中所涉及的知识、政策、法规以及各种常见的问题提供咨询和解答①。大学生创业面临着资金、经验、人脉等各方面的欠缺，创业咨询师可通过一对一的创业咨询更好地帮助大学生解决创业中所遇到的问题。

3. 创业讲座

讲座是由主讲人向听讲人传授某方面的知识、技能、态度、方法等，目的在于改善听讲人的某种能力、心态的一种公开半公开的学习形式。创业讲座就是邀

① 百度百科．创业咨询师[EB/OL]．http：//baike. baidu. com/item/创业咨询师/861450?fr = aladdin.

请企业家、创业教育专家等为学生讲解创业的过程、经验或体会等，这类似于现身说法，对学生更有影响力与说服力。在举办创业讲座的活动中，地方高校遇到的最大难题就是如何聘请到合适的企业家和创业教育专家到高校进行授课。解决这一难题的路径和方法，值得高校去探索与挖掘。可成立创业教育师资平台，将各类企业家和创业教育专家聘请为平台的讲师，这样就能最大限度地整合和发挥专家资源。以广西为例，在人力资源和社会保障系统成立了专门服务于各地高校的高校就业服务部，他们聘请了企业家、创业教育专家作为讲师，并将课程分模块分主题进行标准化建设，专门为大学生做创业讲座，为大学生的创业活动答疑解惑。创业讲座能激发学生的创业意识与创业激情，对大学生关注创业、培养创业精神、选择创业具有很好的引领作用。

4. 创业沙龙

创业沙龙就是企业家与有梦想成为未来企业家的一群人围绕创业话题而举行的集会。地方高校可通过定期举行的方式，将企业家、创业教育专家和有意愿创业或正在创业的学生邀请到指定场所就创业问题进行讨论、交流，各抒己见。企业家将自己的创业历程、经验传递给学生，学生将他们对创业的疑惑以及创业中遇到的问题告诉企业家，让企业家为他们指点迷津。创业沙龙能让企业家和学生有更充分的交流与探讨，对点燃学生的创业热情与解决学生在创业中的问题具有很好的帮助与指导作用。

（二）实践服务模块

1. 创新创业大赛

举办创新创业大赛的目的在于提升创新创业水平、营造创新创业氛围、弘扬创新创业文化和促进产学研整合。创新创业大赛能促进科技创新与成果转化，从而培育高水平、高素质的创业团队，提升新常态经济发展下的创新创业水平。同时，创新创业大赛能激发学生的创新创业精神，营造“大众创业、万众创新”的氛围，探索科技与文化的结合，让更多的学生了解并参与创新创业，从而带动就业。

多个政府部门、高校都在积极主动举办各种主题、各种形式的创新创业大赛。一是由共青团中央、中国科协、教育部和全国学联、举办地人民政府共同主办的全国性的大学生课外学术实践竞赛，在中国共有两个并列项目，一个是“挑战杯”全国大学生课外学术科技作品竞赛（大挑），另一个则是“挑战杯”中国大学生创业计划竞赛（小挑）①；二是由科技部、教育部、财政部和中华全国工商业联合会共同指导举办的一项以“科技创新，成就大业”为主题的中国创新创业大赛；三是大学生创新创业训练计划项目；四是由教育部与有关部委、大学共同举办的中国“互联网+”大学生创新创业大赛；五是人力资源和社会保障局、科技局、各省就业中心举办的大学生创业大赛；六是各部门举办的各类科技创新大赛；七是各高校举办的校内创业大赛。

地方高校应借助大学生各类创新创业大赛的契机，组成专门的大赛指导教师队伍，鼓励、引导并帮助大学生参与到上述相关的赛事中。组织大学生参与各类创新创业大赛，提升的不仅是创新创业思维和创新创业技能，而且是创新创业所必备的特质和能力，比如沟通能力、表达能力、抗压能力、抗挫折能力等。

2. 创业孵化基地

大学生创业孵化基地是大学生创业实习实训与成果孵化的基地，是开展创业教育、创业实习、创业服务，促进大学生自主创业的重要实践平台。其主要任务是以基地为载体，整合和利用校内外各种资源，开展创业指导和创业培训，接纳大学生创业实习实训，提供创业项目信息和创业项目孵化的软硬件支持。创业孵化基地分为校内孵化基地和校外孵化基地。

校内孵化基地主要是由高校建立的大学生创新创业园。创新创业园为入驻项目提供场所、办公设施等；帮助入驻项目办理所应享受的政府补贴、税费减免、小额贷款等国家和省（自治区、直辖市）扶持高校学生的优惠政策相关手续；指导和帮助创业团队进行工商注册、税务登记及相关事宜，提供快捷、便利服务；组织举办创新和创业成功经验交流活动，帮助创新创业者将科技发明、专利等转化为创业项目；创新创业者出现经营困难的，委派专家会诊，创新创业成功者，优先进行免费项目推介，帮助扩大规模；聘请校内外具有实践经验又热心助

① 百度百科．“挑战杯”全国大学生课外学术科技作品竞赛［EB/OL］．http：//baike. baidu. com/item/“挑战杯”全国大学生课外学术科技作品竞赛/2901147？fr = aladdin.

人的人士担任创新创业咨询师和法律顾问等，为团队提供技术与管理的咨询服务，帮助创新创业团队分析、解决创新和创业过程中出现的问题和困难，帮助创业团队规避创业风险，降低经营损失，提高创业成功率。

校外孵化基地是通过与政府、企业合作的方式为大学生创业团队提供孵化的场地、资金、指导和服务。如地方高校可与当地科技局合作建立科技创业孵化基地，帮助理工科学生将科技成果转化为现实生产力；与当地的人力资源和社会保障局合作建立大学生创业基地，为大学生提供创业实战的机会；与当地的企业合作建立创业教育社会实践基地，为大学生提供创业培训与实战平台；与当地的商会合作建立就业创业实践基地，构建学校与企业之间的链接纽带，为企业输送人才、为大学生提供就业创业的平台；与高校的企业家校友合作建立创业实践基地，为大学生提供创业合作机会。

部分地方高校在建设校内外创业孵化基地中已取得了一定的成效，表现在成功地孵化了一批批创新创业项目，使入驻创业孵化基地的项目团队成员创业素质得到了很好的提升，但受益的学生较少。地方高校应加大创新创业园的投入与建设，增加创业孵化场所，加强创新创业园的管理、指导与服务，帮助更多的大学生进行创业实践活动并取得实效，提升他们的创新创业技能以及创业成功率。

创业教育任重而道远。地方高校应紧跟时代步伐，推进高等学校创新创业教育改革。有机融合专业教育和创新创业教育，建立协同育人机制；优化创新创业教育课程体系，改革教学方法和考核方式；强化创新创业实施，加强创新创业教育实践平台的建设；通过教育培训和挂职锻炼等方式，提升教师创新创业教育教学能力；聘请校外企业家、创业教育专家，充实与完善创业教育师资队伍；创新创业教育教学管理模式，建设创新创业教育体系。地方高校只有不断地探索创业教育新模式，才能促进大学生实现“大众创业、万众创新”，为建设创新创业型强国做出应有的贡献。

第三节 大学生创业观的引导与实现路径

广西北部湾经济区的发展具有重要的战略意义，为本区域的大学生迎来了难得的创业机遇。在“大众创业、万众创新”的热潮中，各地各高校都在积极地推进着创新创业教育的实施，大学生创业观的引导也成为高校教育的主要任务。笔者试图以广西北部湾经济区的发展为背景，从创业观引导与实现路径的角度对创新创业教育进行探索。

一、大学生创业观的内涵

马克思主义哲学认为：物质决定意识，意识反作用于物质。意识引导着行动，行动者只有意识到行动是符合其价值追求的、能达到预期期望的，才可能主动采取行动并付诸努力。创业观是价值观的体现，具体表现为对物质与精神层面的价值判断。创业观能驱动创业者的主观能动性，帮助创业者为实现创业目标而坚定不移地去追求。大学生创业观指的就是大学生对创业的观念与意愿，包括创业意识、创业动机以及创业愿景。创业观驱动着大学生对创业行为的选择，也是激发大学生创业主观能动性的重要因素，决定着大学生创业素养的形成。

大学生创业观是大学生在创业教育的引领下、创业实践的积累中形成的对创业这一行动较为稳定的意识、态度和价值取向。大学生创业观主要包括创业的认同意识、创业的心理动机、创业的理想目标以及创业的价值取向等方面，具体而言，大学生创业观的内涵应包含以下内容：

（一）创业的认同意识

创业的本质源于创新，创新意识决定着大学生对创业事务的关注，有创新意识的大学生比缺乏创新意识的大学生对创业认同感要高。认同意识也是引导大学生关注创业灵魂、实施创业行为的指导思想；认同意识的差异导致大学生对创业的认识与处理有所不同。

（二）创业的心理动机

创业的心理动机是驱动创业这一行为的根本力量，反映的是大学生作为创业主体的需求，包含物质需求与精神需求两个层面。追求与实现需求是保障创业这一行为得以坚持的主观特征，存在于人的精神系统里。

（三）创业的理想目标

创业的理想目标与创业的心理动机相辅相成，心理动机产生对理想目标的渴望，起着方向主导作用，是大学生心目中对于权衡创业得失、衡量创业成败的标尺。

（四）创业的价值取向

价值取向（value orientation）是价值哲学的重要范畴，它指的是一定主体基于自己的价值观在面对或处理各种矛盾、冲突、关系时所持的基本价值立场、价值态度以及所表现出来的基本价值取向。创业的价值取向关乎创业本身是否符合法律与道德规范，直接决定着创业本身对社会与人类是有利的还是不利的，也决定着创业本身是否具有价值。

二、广西北部湾经济区大学生创业观状况分析

为了更好地了解广西北部湾经济区大学生的创业观，并给予相应的指导与帮助，笔者设计了“广西北部湾经济区大学生创业观调查问卷”。问卷发放对象为广西北部湾经济区的高等院校，重点是沿海地区的地方高校。问卷发放方式为“问卷星”平台与实地发放方式相结合，采用随机抽样，共收回问卷350份。

（一）创业的认同意识分析

在被问到“您是否有创业的想法?”时，考虑过的占62.86%，完全没有的占20.00%，正在进行创业的占15.71%，已经成功创业的占1.43%。可以看出：一方面，大学生对创业认同度还是相对较高的，创业意识较强；另一方面，成功创业的占比较低。

（二）创业的心理动机分析

在被问到“您认为创业的目的是什么?”时，认为赚钱的占38.57%，认为实现人生理想的占48.57%，认为“实现兴趣、积累经验、为社会做贡献或是实现财富自由等”的占12.86%。可以看出，多数大学生的创业动机是为了实现精神追求或是满足物质需求。

（三）创业的价值取向分析

在被问到“您认为创业最需要具备的品格是什么?”时，认为“善于交流、沟通、合作”的占94.29%，认为“独立地思考、判断、选择、行动”和“敢于拼搏创新、勇于承担责任”的占91.43%，而认为“诚实劳动、守法经营”“坚持不懈、百折不挠”和“善于自我调节、适应性强”的均占77.14%。数据表明：一方面大学生认为创业需具备较为完善的品格；另一方面大学生对“诚实劳动、守法经营”的认同度相对偏低。

（四）创业的引导路径分析

在被问到“您认为学校在大学生创业方面应提供哪些帮助?”时，认为“提供创业实训平台”的占85.71%，“开设创业教育课程”的占68.57%，“开展创业政策咨询”的占67.14%，“组织创业计划大赛”的占51.43%，“举办企业家讲座”的占41.43%；在被问到“您认为政府在大学生创业方面应该做哪些扶持?”时，认为“资金支持”的占94.29%，“政策倾斜”的占77.14%，“税费优惠”和“环境营造”的占72.86%，“宣传鼓励”的占60%。数据表明：大学生对“创业实训平台”与“资金支持”的需求更为迫切。

三、创业观的引导与实现路径

大学生创业观的引导就是通过高校教师遵循大学生的成长成才的特征与规律，用正确的思想观念、行为规范等，有计划、有目的地对大学生创业行为进行引导与影响，激发他们的创业意识，并树立正确的创业动机、理想目标与价值取向，使他们的创业能符合社会主义核心价值观的要求。广西北部湾经济区地处我国沿海西南端，主要由南宁、北海、钦州、防城港四市和玉林、崇左两个市物流中心“4 +2”所辖行政区域组成，陆地占地面积4.25万平方公里（不含玉林、崇左），广西北部湾经济区把“建设成为重要国际区域经济合作区”作为其自身发展的战略定位和功能定位。大学生创业观的引导具有特殊的机遇，主要体现在国家政策支持、区域经济发展为大学生创业的发展提供了发展的前景。

（一）政府层面：政策扶持创业，宣传鼓励创业

随着国家对创业的重视，政府在工商、税务、培训方面都出台了多项优惠政策，比如：免收管理类等行政事业性收费；减免营业税和企业所得税等；对参加创业培训的提供学费补贴；提供小额担保贷款；对返乡创业大学生进行培育；为创业者提供众创空间型创业孵化基地；对于从事网络创业的大学生创业者提供网络创业小额担保贷款。政策从资金支持、税收优惠等方面为大学生创业者提供了扶持，对引导大学生创业起到很好的鼓励作用。但是，当大学生创业者真正按照政策文件去办理相关事务时，会发现部分政策只是停留在文字表述层面，并未真正落到实处，尤其是广西北部湾经济区沿海地区的创业者。以小额担保贷款为例，当大学生创业者去银行办理时，多数银行会告诉大学生，政策是有，但银行没有针对政策的实施办理，最后就是贷款难以办理下来，有的大学生创业者只能通过网络贷款的方式解决资金问题，但成本与风险较高。因此，唯有政策落地，宣传到位，才能激发大学生创业者对创业的认同意识，从而为创业本身聚焦更多的正能量。

（二）高校层面：课程激发创业，实践助推创业

高校是大学生创业者成长成才的重要场所。高校教育者作为创业观引导的主力，应把握大学生自身特征与成长规律，通过开设创业教育的相关课程与举办创业实践的相关活动，培养大学生的创业意识，激发大学生的创业兴趣，通过创业实践推动大学生创业素养的提升。

创业教育课程的开设可以从通识导论类与专业整合类两方面进行。一是开设创业教育通识类课程，通过教授创业知识、锻炼创业能力和培养创业精神等方面，让大学生了解创业的含义及创业准备，掌握创业的基本流程，激发他们的创业精神与创新意识。二是开设与专业相关的创业教育课程，将专业教育与创业教

育相融合，促成创意产品转化为创业商机。

创业实践活动的开展可以从举办创新创业大赛与企业家讲座以及建设大学生创业孵化基地等方面进行。一是举办各类创新创业大赛，让大学生创业者关注创业并参与其中，营造创新创业氛围；二是举办企业家讲座与论坛，用创业者的亲身经历为大学生创业者传输正确的创业追求与价值取向；三是建设大学生创业孵化基地，包括校内的大学生创新创业园和校外的创业实践基地，帮助大学生将创业计划落地，提升创业素养。

四、钦州学院应用型本科的大学生创新创业园建设与运营案例分析

钦州学院（现为北部湾大学）大学生创新创业园（以下简称为创新创业园）于 2012 年 9 月建成并投入使用，以培育大学生的创新创业精神和提高创新创业能力为宗旨，为大学生创新创业能力的培养提供必要的实践平台，是大学生校内创新创业项目的实践基地和孵化基地，为学生创新创业活动提供服务。应用型本科以培养应用型人才为目标，强化学生创新能力和创业能力的培养，提升应用型人才培养质量。围绕应用型本科转型发展的目标，针对创新创业园目前面临的困境，探索创新创业园建设运营行之有效的保障措施。

（一）创新创业园的建设概况

1. 基础设施

创新创业园整体划分为两个功能区域，北部湾餐厅三楼为创新创业园办公区域，占地面积 1100 平方米，含 33 间工作室、1 个多媒体培训室和 1 个扬帆创业俱乐部；北部湾餐厅一楼斜对面为大学生创业园，占地面积 600 平方米，含 20 间店铺，以培养学生的市场开发能力、营销能力、组织管理能力、财务管理能力、社会关系发展能力等为根本宗旨。为支持大学生的创新创业，学校为创新创业园办公区域的每个工作室配备了一台电脑，同时免费为进驻的团队提供场地、水电、通信等方面的服务。

2. 项目来源

创新创业园项目来源多元化，其中创新项目的来源主要为：一是学生主持承担的区级、校级创新项目或自主开发的科研项目；二是学校所承担的各级纵向或

横向科研课题的子课题；三是教师承担的各级教学改革项目；四是根据用户的需求，即科研或企事业单位提出研究项目。鼓励在校生组建创新创业团队，申报创新创业项目，开展科学研究、发明创造、技术服务、文化创新、文化创作、产业技术开发、产品开发等创新创业实践活动。创新创业园实行项目化引导、市场化运作模式，重点支持社会急需的创新创业项目团队入驻创新创业园，开展创新创业实践活动。

3. 建设规划

创新创业园的建设坚持“科学规划、科学建设、科学管理”的原则，紧紧围绕学校学科专业建设发展规划和布局，从构建完善的服务扶助体系、搭建设施齐备的创新创业平台入手，将创新创业园建设成特色突出、配套功能完善、承载能力强的创新创业实践基地和孵化基地，成为鼓励、扶持和培养大学生团队合作精神、创新创业能力的有效载体。

4. 管理理念

创新创业园的管理坚持“自筹资金、自主经营、自负盈亏、自我约束、自我发展、重点扶持”的原则，学校提供创新创业平台，在专业老师的指导下发挥学生的专业才能，培养学生以团队合作的形式，开展创新创业、自主策划和经营活动，独立承担责任。创新创业园不以营利为目的，与创新创业者责、权、利明晰，在统筹考虑、合理布局的基础上，突出重点，整合资源，充分发挥市场作用，同时依托学科和专业优势，引导创新创业园的建设与运营健康有序地进行。

（二）创新创业园的运营情况

1. 取得的成效

2012 年 9 月至今，创新创业园已入驻项目共 55 个，创新项目 23 个，创业项目 32 个，涉及的专业领域涵盖海洋科学、陶艺设计、航海技术、水产养殖学、化学化工、食品科学、物流管理、滨海旅游、港口机械、自动化等，布局合理，重点突出，充分体现了学科和专业特色。

项目入驻至今取得了显著成果，其中创新项目取得了一系列科研成果，多个创新创业项目在各级科技创业大赛中获奖；2 个创业项目成功注册了微型企业和个体工商户，并获得学校创业奖励金。自 2012 年 9 月入园至 2013 年 10 月，创业项目为全校学生提供勤工助学岗位近 3000 人次，发放勤工助学工资 50 多万元。创新创业园还设立了扬帆创业俱乐部，以“扶持大学生创业”为理念，定期开展创业沙龙、创业交流会、外出调研等活动，提升创业团队的综合能力和整体水平。

2012 年，创新创业园被确定为自治区“高校大学生创业示范基地”建设单位，同时，在 2012 年 12 月的教育部本科教学合格评估中，与坭兴陶、航海专业被评估组专家同列为办学特色项目。2013 年，创新创业园被确定为首批“广西高校大学生创业示范基地”，同时入选的还有广西民族大学、桂林电子科技大学、玉林师范学院、百色学院、广西国际商务职业技术学院和梧州学院 6 所高校的大学生创业园。

2. 面临的困境

（1）大学生实践经验不够丰富。受我国基础教育体制的影响，我国大学生的创业意识引导较晚，多数大学生在进入高校以前无论是在课堂上，还是课堂外，创新创业方面的实践少之又少，使得大学生的实践经验和基础理念相当薄弱。虽然进入高校后，学校引入了相应的创新创业教育，但受制于之前所积累的基础，使得大学生开展的创新创业活动在后续发展过程中暴露出较多问题，比如在项目的发展规划、应变策略、财务管理、法律意识和风险控制等方面都出现无所适从的局面，导致项目难以真正成长和孵化成功。

（2）创新创业的资金来源有限。在接触创新创业活动的初期，容易激发出大学生的创业热情，体现为创业意愿强烈，但最终实际参与创业的比例相当低，启动资金的匮乏成为制约大学生创新创业的最大瓶颈。调查创新创业园项目资金来源的结果显示，大学生创新创业资金的主要来源一般是家人、教育主管部门的经费资助、学校的支持与奖励、自身的积攒、风险投资和银行贷款等渠道，但教育主管部门和学校的资助相当有限，教育主管部门的经费资助是限额的，学校的支持也主要是免费场地和其他费用的减免，现金奖励只是杯水车薪；再者，风险投资一般倾向于已初见成效的项目，而我国信贷体系不健全，银行缺乏针对学生相对合适的评估机制；对于多数家长而言，学生在校就应该把完成学业放在首位，再加上他们对创业的恐惧和对失败的担心，对学生创新创业也是持保守态度。因此，资金成为大学生创新创业的最大难题。

（3）创新创业项目科技含量低。从已入驻的项目情况来看，服务性和营销性的创新创业实践项目较多，而高水平、高科技含量的项目相对较少，这与创新创业教育与专业教育脱节有着密切的关联。目前，专业教育的教师注重的是专业领域的知识建构，本身缺乏创新创业的意识和实践体验，而从事创新创业教育研究与实践的教师对专业领域的了解不够深入，导致在指导创新创业教育的实践过程中不能很好地与专业发展相结合，最终影响到创新创业的引导与实现效果。

（4）相关的扶持政策不够健全。这些年来，政府也相继出台了针对高校毕业生自主创业的优惠政策，如税收优惠、小额担保贷款和贴息支持、免收有关行政事业性收费、享受培训补贴、免费创业服务、取消高校毕业生落户限制等，但总体上仍然是不完善的。创业园内的创业者难以享受到相关的减免优惠措施。

（5）缺乏科学系统的管理机制。创新创业园的管理和运营是一项复杂的系统工程，包括制定项目计划、政策咨询、信息服务、财务管理、风险控制等方面。这些工作的开展，需要创新创业园的管理服务团队拥有完善的经济管理知识体系和丰富的市场运营经验，还要有大胆的创新精神，以及先进的管理服务理念，再加上充沛的精力和完善的工作机制。而现实是，管理服务团队的教师仅有理论知识，同时也只是兼职管理，这样从技术上和时间上都难以保障创新创业园的良性运营。

（三）创新创业园建设运营的保障措施

通过剖析创新创业园目前运营所存在的困境，我们可以看到，创新创业园的运营需要一个科学系统的保障体系。需要相关扶持政策的完善，需要管理服务团队的优化，需要教育理念的更新，更需要资金的解决渠道。只有提供更强有力的内外部保障措施，才能推动创新创业园的良性建设与运营。

1. 完善扶持政策

创新创业园需要积极争取钦州市政府和相关职能部门的支持，比如：共青团钦州市委员会为大学生搭建与青年企业家交流沟通的桥梁；钦州市人力资源和社会保障局为大学生的创业培训提供更多的便利和培训经费的补贴；钦州市工商局为大学生注册企业开辟指导和服务的绿色通道；钦州市国税局、地税局为大学生注册企业的税务登记给予指导和帮助；钦州市科技局为大学生打造科技创业平台和经费资助等等。

2. 集合专家资源

针对大学生创新创业实践经验匮乏这一瓶颈，可以集合专家资源的方式予以加强和改善。通过邀请校内外专家，尤其是成功创业的企业家，包括钦州市成立的相关企业家协会和学校校友，采用讲座或专题培训的方式，对创新创业园的项目进行指导，主要是在项目的发展规划、专业技术、金融融资、产品营销、财务管理、法律事务和风险控制方面进行指导，比如可以通过钦州市女企业家协会这个平台的专家资源，请企业家们为大学生的创业传授实践经验，并尽可能地在大学生创业的过程中及时予以各方面的支持和帮助。

3. 拓宽融资渠道

资金筹集困难成为大学生创新创业的关键阻碍，在创业初期，尽可能多的拓宽融资渠道。比如创业团队自身的合作、充分利用政府提供的各种补贴和奖励措施、积极与银行沟通获得小额贷款、通过技术或创意优势引入风投等多渠道进行融资，在必要的时候也可以通过出让部分股份的方式来赢得资金。在调查创新创业园团队过程中，笔者发现很多人对政府和社会提供的资金支持政策了解不够，致使他们错过了很多资金筹集机会，所以融资不是只能借助外力，而是还可以靠团队自身的努力。

4. 优化管理团队

创新创业园的建设和运营需要结构合理的管理团队，尽可能保障管理团队的专业化、多元化、专职化。管理团队的人员构成可分为两类：一是专职人员，由从事创新创业教育研究的教师组成；二是兼职人员，可从商学院聘请擅长企业策划、市场营销、财务管理的教师和从法管学院聘请懂相关法律的教师作为指导专家，以此保障创新创业园教师能够专兼结合地管理，充分调动各方积极性和主动性。

5. 提升服务理念

创新创业园的管理理念应以服务为重点，合理恰当地把管理和服务二者的关系摆正。管理是为了更好地服务，而非为“管”而管，只有将服务更为细致地深入到入驻的项目，才能真正发挥创新创业园这个实践平台的作用。比如：针对创新创业园的团队在对财务制度的了解和财务报表的制作中普遍存在的不专业化情形，可通过创新创业园管理服务中心邀请财会专业教师进行普及性讲座的方式改善这一状况。只有切实地解决创新创业团队在实践活动中存在的急需解决的困境，才能真正实现创新创业项目的成功孵化。

钦州学院提出的应用型本科高校建设目标之一就是“加强学生创新能力和创业能力培养，五年内建立和完善面向全体学生的创新能力、创业能力培养机制和评价体系，形成学校的办学特色”。作为引导大学生创新创业重要途径的创新创业园，虽然还面临着发展的困境，但相信通过各种保障措施的落实，必将为提升学生的创新创业能力，为企业的成功孵化，为未来新型企业家的诞生奠定坚实而有力的基础。

第四节　应用型本科院校大学生创新创业训练计划项目管理模式的新思考

根据《教育部　财政部关于“十二五”期间实施“高等学校本科教学质量与教学改革工程”的意见》（教高〔2011〕6号）和《教育部关于批准实施“十二五”期间“高等学校本科教学质量与教学改革工程”2012年建设项目的通知》（教高函〔2012〕2号），教育部决定在“十二五”期间实施国家级大学生创新创业训练计划。通过实施国家级大学生创新创业训练计划，促进高等学校转变教育思想观念，改革人才培养模式，强化创新创业能力训练，增强高校学生的创新能力和在创新基础上的创业能力，培养适应创新型国家建设需要的高水平创新人才。大学生创新创业训练计划的推行，为在校大学生提供了非常好的创新创业实践平台，给高校的教学改革带来鲜活的能量，与此同时，对参与大学生创新创业训练项目的各方也提出了挑战。笔者拟从提升大学生创新创业训练项目管理效能的角度，对应用型本科院校大学生创新创业训练计划项目的管理模式进行新的思考。

一、大学生创新创业训练计划项目的内容与意义

（一）大学生创新创业训练计划项目的内容

国家级大学生创新创业训练计划内容包括创新训练项目、创业训练项目和创业实践项目三类。创新训练项目是本科生个人或团队，在导师指导下，自主完成创新性研究项目设计、研究条件准备和项目实施、研究报告撰写、成果（学术）交流等工作。创业训练项目是本科生团队，在导师指导下，团队中每个学生在项目实施过程中扮演一个或多个具体的角色，通过编制商业计划书、开展可行性研究、模拟企业运行、参加企业实践、撰写创业报告等工作。创业实践项目是学生团队，在学校导师和企业导师共同指导下，采用前期创新训练项目（或创新性实验）的成果，提出一项具有市场前景的创新性产品或者服务，以此为基础开展创业实践活动。

（二）大学生创新创业训练计划项目的意义

1. 推动了应用型本科院校人才培养模式的改革

应用型本科院校在人才培养模式改革的道路上需要与时俱进，根据国情的需要，把培养应用型人才的任务落到实处。大学生创新创业训练计划项目的启动，为应用型本科院校的人才培养模式改革打开了一扇新的“天窗”。传统的精英化教育随着扩招已经发生了巨大的变化，高校已走向大众化的教育模式，而企业也越来越需要具备解决具体问题能力的人才。为此，应用型本科院校在改革人才培养模式时必须抓住培养应用型人才的关键点，而大学生创新创业训练计划项目的实施恰好能够推动应用型人才培养目标的实现。

2. 加强了应用型本科院校与当地企业间的互动

通过大学生创新创业训练计划项目的实施，应用型本科院校与当地企业间的互动将变得更为直接与频繁。如在创业实践项目的实施过程中，需要学校导师与企业导师的密切配合，学生可根据市场的需求去开展有针对性的实验与训练，从

而开发出更具竞争力与潜力的产品或服务。高校与企业的互动是一个良性的循环系统，高校培养了符合社会需求的高层次人才，而企业找到了适合本企业需求的员工。

3. 提升了应用型本科院校学生的创新创业能力

大学生创新创业训练计划项目的根本目的就是为了解决学生在创新创业实践能力方面薄弱的问题。大学生通过参与创新创业训练计划项目，可以很好地把专业所学应用到解决实际问题的过程中，把理论学习与实践应用紧密结合，不仅完成了学习任务，还提升了能力，对大学生未来的职业生涯发展与就业创业具有重要的意义。

二、应用型本科院校大学生创新创业训练计划项目的现状剖析

（一）大学生创新创业训练计划项目的管理体制不够完善

按照教育部的要求，各参与项目的高校均要成立由主管教学的校领导牵头负责，由教务、科技、设备、财务、产业、学工、团委等职能部门参与的校级组织协调机构，并制定相应的管理办法和配套政策，将大学生创新创业训练计划项目的日常管理工作纳入本科生教学管理体系。有的学校成立了校级层面的“大学生创新创业训练计划项目”领导小组以及各二级教学单位“大学生创新创业训练计划项目”工作小组，由教务、科技、财务、招就、团委、学工以及各二级教学单位分管教学的领导、教学秘书等组成小组成员。在实际的运营过程中，各方的联动机制却显得很薄弱，虽各司其职，但联动较少。整个管理体制未真正起到融合各方优势的作用，缺乏良好互动与生态循环。如由于之前各方缺少必备的沟通，导致创新创业训练计划项目在发动与组织的过程中往往单靠教务一条线，未充分发挥其他职能部门在这一环节中的作用。

（二）大学生创新创业训练计划项目的导师力量存在不足

教育部要求重视大学生创新创业训练计划项目导师队伍建设，对参与大学生创新创业训练计划项目的学生实行导师制。在校内导师方面，存在导师遴选无标准、不规范等现象，出现导师自身不懂创新创业相关的基础理论却承担着引导学

生进行创新创业训练的任务，结果就是导师在项目实施过程中作用不大。在企业导师方面，存在导师聘请多半靠学生自己联系，学校统一的组织与推荐较为薄弱的问题。因此，在大学生创新创业训练计划项目的实施过程中，存在导师不专业或不作为的现象，导师力量极为不足。

（三）大学生创新创业训练计划项目的成果转化尚需提高

大学生创新创业训练计划项目的实施目的是在提高科技水平的同时增加成果的商业转化率。当前，大学生在进行创新创业训练计划项目的过程中，只关注本身的科技研究或商业模式，而忽略了彼此的成果共享与项目合作。如创新项目团队在乎的是科技研究有没有新突破，而创业项目团队看重的是商业模式是否能够取得良好的经济效益。所以，常常会看到的现象是，在创新创业大赛的项目里，一方面，好的科技研究缺乏的可能是好的商业模式；另一方面，好的商业模式却缺少好的产品或服务。

（四）大学生创新创业训练计划项目的学生意识还需引导

在“大众创业、万众创新”的时代里，参与大学生创新创业项目的学生应该是积极且热烈的，而我们可能看到的是大学生对这一项目的认同感并不高。原因是多方面的，如宣传不到位、学生本身不具有挑战精神、对项目缺乏正确的认识等。

三、应用型本科院校大学生创新创业训练计划项目管理模式的新探索

（一）加强体制建设，提高管理效能

良好的体制建设是提高管理效能的前提。大学生创新创业训练项目的顺利实施，不仅需要一份管理文件，更需要能够落地的具体措施。应用型本科院校在制定具体措施时，应把提高管理效能放在核心的位置上，管理要的不仅仅是项目的数量，更多的是项目的经济效益或社会价值。高校可以在具体措施的制定方面把各方力量充分调动起来，明确各个参与部门的具体职责与工作标准。如教务处应负责项目的总协调；招生就业处应负责配合教务处做好校内外导师的遴选与学生创新创业意识的引领；科技处应负责配合教务处做好项目的专利申请、产权保护

等；财务处应负责配合教务处做好项目经费的管理；团委应负责配合教务处做好宣传活动的策划与组织；各二级教学单位应配合教务处做好项目的组织、报送与遴选等。各方应互通有无，以保证项目的组织发动、实施监控与成果验收等环节能够整合参与各方的优势资源，把最好的项目引入到计划里面，帮助有梦想的学子们找到实现的舞台。

（二）鼓励导师参与，保障导师权益

导师的参与是推动项目顺利实施的关键因素。大学生创新创业训练计划项目的主体除了学生本人之外，还包括导师。导师的作用非常重要。学生有了好的创意与想法，需要导师以他们的知识与经验帮助学生把创意与想法变成具有可行性的计划。一方面，可以通过建立创新创业导师库、微信群、QQ 群等方式，把导师集中起来，当项目启动的时候，学生就可以更为迅速地找到他们需要的导师；另一方面，通过制定导师的管理办法，在明确导师职责的同时，要保障导师享有相应的权益，可以根据导师的工作量给予合适的物质奖励与精神肯定等。

（三）强化项目合作，加快成果转化

成果转化是项目实施效果的最终检验标准。大学生创新创业训练计划项目实施的目的是提升大学生的创新创业能力，能力的修炼如果只停留在理论构想而非实际成效，那效果将大打折扣。创新项目侧重的是科技的新发明与新创造，创业项目侧重的是科技成果转化为商业运作后所产生的经济效益，因此加强创新项目团队与创业项目团队的合作将有助于科技成果的商业转化，真正帮助大学生走入“大众创业、万众创新”的时代。

（四）加大宣传力度，激发学生意识

学生对项目的合理认知是项目能够实施的首要条件。大学生创新创业训练项目的实施主体是学生，而学生对项目的认可程度将决定着他们是否会选择通过大学生创新创业训练计划项目来提升自身的职业生涯发展与创新创业能力。一线的教师、辅导员在日常的教学与工作中，应加强对大学生创新创业训练计划项目的宣传，让学生知道他们可以通过这个项目将理论构想转化为实践成果。

第六章

大学生创新创业素养的培养策略

策略意指某个个人或组织为了完成某项目标任务，根据形势发展而制定的行动方式和手段。大学生创业素养的培养策略是指高校为了提高和增强学生的创业素质和修养而采取的行动方式和手段①。

关于大学生创业素养的培养策略问题，专门的研究文章很少，研究者多是从如何加强高校创业教育的角度来论述的。笔者认为，大学生创业素养的培养，需要正确地运用课程与教学理论，通过优化创业课程设置结构，变革教学模式等方式，形成大学生创业素养培养的作用机制，从而促进大学生创业素养培养的有效性。当然，通过创业教育不可能让每一个人都能创业，但具有创业精神和创业素养的人无论在什么工作岗位都能更为充分地发挥自身的才干。今天的大学生是未来各行业的管理者和创业者，是未来我国参与国际市场竞争的主力军。因此，今天的高等院校也应紧随时代步伐，要有长远的战略眼光。实现人才培养目标从就业型到自主创业型人才的转变，需要进行全方位的战略转型。大学生创业素养的培养是一项系统工程，必须从外部环境及高校教育两方面着手，有效地整合校外与校内资源。针对大学生创业素养的现状及成因，笔者提出以下大学生创业素养的培养策略。

第一节　创设创业教育校外环境

大学生创业素养的培养与形成，光靠高校的力量还不够，还需要全社会力量的大力支持。不少政府官员认为，大学生创业素养的培养是高校教育的事情，与政府无关。事实上，高校的教育不仅在人、财、物方面需要政府的支持，在大学生就业与创业工作方面也受制于政府。高校与政府应是共同发展、相互促进的

① 钱强．当前高校创业教育的问题与对策探究[J]．中国高教研究，2005（08）：92－93.

关系[1]。

一、完善与落实创业政策

近几年来，党和政府大力倡导全民创业、建设和谐社会，并制定了鼓励创业（包括大学生）的许多优惠政策，各级政府也相应出台了创业政策。在大学生创业素养的培养过程中，一方面，政府在创业政策服务方面主要应做三件事：一是为帮助大学生更好地了解创业政策，把政府推出的一些减免税收、创业援助、创业贷款、社会保障等方面政策，进行收集整理、汇编成册，免费发放给大学生；二是为帮助大学生更好地运用政策，通过举办创业形式分析会、报告会、创业政策讲解课等形式，帮助大学生理解创业政策、运用创业政策；三是积极帮助大学生争取创业政策，针对大学生创业政策的某些空白和缺位，政府教育行政部门要出台相关大学生创业政策，比如，实行弹性学分制，创业实践课可计学分，在校大学生可以申请办理休学保留学籍去创业等。另一方面，政府要优化社会创业环境，制定和完善市场竞争规则，规范公务员工作行为，对扰乱市场发展的违法乱纪行为给予有力打击等。同时还应通过各种渠道和方式大力营造以创业为荣的社会氛围和文化环境。

二、加强与拓展创业培训

与有的国家青年创业培训只需要在技术性环节提供帮助不同，政府和高校对大学生创业行动的培训要渗透到大学生创业的每一个重要环节。

一是针对思想观念保守、创业意识不强的大学生，要通过举办创业论坛增强创业意识；二是针对有创业意识，但缺乏创业素养的大学生，要开展系统的创业素质和技能培训，并有针对性地组织他们到当地高新技术开发区和创业园区见习、实习和工作；三是针对在创业中缺少经验的大学生，要为其配备创业导师，进行“一对一”创业辅导。

---

① 向夕品．试析高校大学生创业素养的培养[J]．经济师，2004（07）：77－78.

三、强化与完善服务体系

政府要注重从基础环节入手，逐步强化和完善以下服务：一是提供创业信息。通过报纸、电视、网络等传媒，发布创业项目，提供创业信息咨询。二是建立创业项目经验负责制。组织若干名专职创业指导的老师进行具体指导、跟踪服务。三是建立“大学生创业超市”。就是把大学生创业行动的项目、信息、政策、资金以及服务等内容整合在一起，实行资源共享，供创业大学生选择。四是成立法律援助中心。为大学生创业提供法律咨询和维权服务。五是建立大学生就业创业联席会议制度。定期研究解决大学生创业过程中遇到的实际困难和问题。六是制定奖惩政策激励各级企事业单位积极接纳大学生到本单位参观见习和实习工作，努力实现全社会资源共享，调动社会一切积极因素为大学生健康成长和创业素养的培养服务。

总之，高校大学生创业和就业的机会，与地方经济发展、企业扩张和学校发展的水平和速度密切相关。在发达国家，市场已经基本饱和，拓展空间非常有限，而当前我国经济正在飞速发展，很多创业发展计划陆续出台，为大学生创业开辟了广阔的天地，为大学生创业素养的培养提供了众多的实践舞台。2004 年 2 月 10 日，经国务院批准，教育部颁发了《2003—2007 年教育振兴行动计划》，其中特别强调了要构建中国特色社会主义现代化教育体系，增强国民的就业能力、创新能力、创业能力。通过科学的创业教育推动我国整个教育体制从被动就业型教育过渡到自主创业型教育，势在必行！

第二节　优化创业课程设置结构

课程是高校教育教学工作的核心。培养目标的确定是进行课程选择的基础；而课程设置又是实现目标的途径和手段。学生的全面素质教育包括主体性和创造性能力的培养以及个性的发展与完善，归根结底要落实到课程设置之中。也就是说，是实行就业教育还是创业教育，在高等学校的课程设置中能够得到真实写照。前者强调学生对既定课程的服从与接受，因而较多地表现为学年制课程设置，课程类型的选择倾向于学科课程，课程形式主要是必修课；后者强调和尊重学生参与课程设置的权力，因而较多地体现为学分制课程设置，课程类型的选择倾向于综合课程，课程形式主要是选修课①。

在对江西师范大学学生的创新创业素养情况的调查中，我们了解并认识到大学生非常渴望获得创业知识，渴望学校开设创业教育方面的课程，但长期以来，我国高校的课程设置很少有学生的主动参与，没有针对学生的特性和需求来设计其学习的课程，都是事先由学校设置好很多年都不变又必须要学习的课程，至于大学生迫切需求的创业方面的课程更是难得开设。同时，在调查过程中，我们发现有一小部分大学生的创业素养较为突出，经过进一步的调查，我们了解到，他们中有部分同学参加了江西师范大学开设的创新研究或社会实践课程的学习。由此，笔者进一步追踪了解了江西师范大学人才培养模式改革的创新与实践。笔者现以江西师范大学“以生为本　全面发展”人才培养模式改革中的课程模块和江西师范大学商学院创业教育中心的特色课程模式为例，阐述大学生创业素养培养的课程设置策略。

一、课程模块设计策略

课程模块设计是江西师范大学人才培养模式实践运行设计中的首要设计，它遵循的是整体化、模块化、结构化和个性化总体设计思想。其中整体化设计思想指的是根据大学生知识、能力、素质协调发展的要求，统整各种课程类型（学科课程与活动课程），为实现“厚基础、宽口径、高素质、强适应”的人才培养目标构建合理的课程结构体系，并采用“课内+课外”“主修+辅修”“理论+实践”的方式，充分发挥各类课程（学科课程与活动课程）的积极作用，最终实

① 李春琴．高校创业教育课程体系构建研究[J]．中国成人教育，2007（15）：123－124.

现“文理渗透”“文文渗透”“理理渗透”的课程综合化理念①。

根据以上课程模块的总体设计思想，江西师范大学开发出了以下针对不同学科类别的课程模块：

（一）非教师教育类课程模块②

非教师教育类课程主要由两大模块组成，一是通识教育课程模块，其中又由两部分组成，即公共必修课程与公共选修课程，公共必修课程中包括英语、两课、军事理论与体育；公共选修课程包括计算机、校本课程、人文与社会/科学与技术（理工类与软件工程专业选修人文与社会，文管类与音体美专业选修科学与技术）、艺术理论、体育选修以及第二课堂的学术讲座、艺术技能、创新研究与社会实践课程。二是专业教育课程模块，其中也包括两个组成部分，即专业必修课程与专业选修课程，专业必修课程中又分为学科基础课程与专业主干课程。如表 6-1 所示：

表 6-1　江西师范大学非教师教育类课程模块

课程模块	类别	课程
通识教育课程模块	公共必修课	英语
		两课
		军事理论
		体育
	公共选修课	计算机
		校本课程
		人文与社会/科学与技术
		艺术理论
		体育

① 游海．以生为本　全面发展——江西师范大学人才培养模式创新与实践[M]．南昌：江西高校出版社，2005：95.

② 游海．以生为本　全面发展——江西师范大学人才培养模式创新与实践[M]．南昌：江西高校出版社，2005：97-99.

续 表

课程模块	类别	课程
通识教育课程模块	公共选修课	学术讲座
		艺术技能
		创新研究
		社会实践
专业教育课程模块	专业必修课	学科基础课
		专业主干课
	专业选修课	……

（二）教师教育类课程模块①

教师教育类课程主要由三大模块组成，一是通识教育课程模块，其中又由两部分组成，即公共必修课程与公共选修课程，公共必修课程包括英语、两课、军事理论与体育；公共选修课程包括计算机、校本课程、人文与社会/科学与技术（理工类与软件工程专业选修人文与社会，文管类与音体美专业选修科学与技术）、艺术理论、体育选修以及第二课堂的学术讲座、艺术技能、创新研究与社会实践课程。二是专业教育课程模块，其中也包括两个组成部分，即专业必修课程与专业选修课程，专业必修课程又分为学科基础课程与专业主干课程。三是教师教育课程模块，由必修课与选修课两部分组成，必修课又分为教师教育基础课程与教师教育主干课程两个子模块。如表 6－2 所示：

表 6－2　江西师范大学教师教育类课程模块

课程模块	类别	课程
通识教育课程模块	公共必修课	英语
		两课

① 游海. 以生为本　全面发展——江西师范大学人才培养模式创新与实践[M]. 南昌：江西高校出版社，2005：100－102.

续　表

课程模块	类别	课程
通识教育课程模块	公共选修课	军事理论
		体育
		计算机
		校本课程
		人文与社会/科学与技术
		艺术理论
		体育
		学术讲座
		艺术技能
		创新研究
		社会实践
专业教育课程模块	专业必修课	学科基础课
		专业主干课
	专业选修课	……
教师教育课程模块	必修课	教师教育基础课
		教师教育主干课
	选修课	……

（三）设计策略

从江西师范大学人才培养模式中的课程模块设计，我们可以看出，该课程模块设计紧紧围绕学校培养“厚基础、宽口径、高素质、强适应”的创新人才目标观，集中专家学者的智慧，而设计出一套有针对性的大学生素质培养的课程设计方案。其中第二课程的创新研究与社会实践课程对大学生创业素养的培养无疑是重要且必需的。该课程模块设计的特点有：

一是课程模块设计遵循培养目标定位与课程科目设置相一致的原则。课程模块设计根据不同类别学生的不同需求，在充分分析学生的不同特征与个性需求的基础上，选择与课程模块培养对象相符合的课程科目。比如，教师教育类学生对教师教育的专业课程有强烈的需求，为了让教师教育类学生能在走上工作岗位时具备更高的素养，在课程模块中增设了教师教育课程模块。而面向全体学生开设的创新研究与社会实践课程符合了素质教育理念，对于大学生的创业素养的培养是重要且必要的。由此可见，只有与学生的不同特点和个性需求相一致的课程模块设计，才能让课程有的放矢，实现课程设计的初衷与目标。

二是课程模块设计注重学科课程与活动课程相互融合。仔细研究课程模块设计，我们可以看出，课程模块内容既有结构体系严密的学科课程，也有提高学生经验与体会的实践活动课程。采用“课内 + 课外”“主修 + 辅修”“理论 + 实践”的方式，充分发挥了学科课程与活动课程的积极作用。这两种课程形式是非常重要且必要的，它们之间的有效融合对于课程模块设计的培养目标起了关键性的作用。这就使得大学生综合素质的培养真正落到了实处。

针对课程模块设计的特点，笔者认为：课程模块设计策略必须从以下几个方面着手：

第一，整合课程体系，突出创新能力的培养。加强素质教育，使学生具有深厚的人文素质和科学素养，较强的创新意识，以及创造性地运用所学知识解决各种问题的能力。与此同时，课程模块设计的培养对象及目标定位与课程科目设置应相符合，而且课程模块设计必须注重学科课程与活动课程相互融合。

第二，优化课程内容，实现课程内容综合化。加强文理渗透，开设富有时代特点的公共选修课，同时要及时将学科前沿知识引进课堂，注意把体现当代学科发展特征的、多学科间的知识交叉与渗透等反映到教学内容中来，教给学生思维方法，为学生探索新事物、培养创新能力奠定基础。既包括自然科学基础，也包括人文科学基础；既包括本专业学科基础，也包括相邻专业基础；既包括基本理论和基本知识传授，也包括基本能力和基本素质培养。要积极为学生提供选修课、双学位、主辅修等各种教育形式，培养学生复合型知识结构，强化学生对社会的适应性。

第三，强化第二课堂，注重实践性课程环节。创立完全独立的、让学生自己动手的实验环境，鼓励学生利用假期多走向社会进行实地调研或到企业参加短期工作；毕业设计和毕业论文让学生真题真做；为学生实习创造条件，强化学生动手操作和解决实际问题的能力；有条件的学校让学生直接参加到科学研究和社会实践中去，以提高他们的创新能力。

二、创新研究课程策略

创新研究课程是课程模块中公共选修课的课程之一，该课程突出了学生素质教育与创新创业素养的培养。现以江西师范大学在创新创业方面开展的特色课程模式即创业管理专业本科及专科课程设计为例，简述创新研究课程策略。

1. 创业管理专业本科课程设计①

江西师范大学依托现有工商管理类专业与应用经济类专业成立了“创业教育中心”。创业教育中心为了更好地培养大学生的创业素养，针对部分有一定创业素养基础的大学生开设了创业管理专业本科课程。课程的具体设计如下：

（1）课程培养对象：在全校各专业一年级新生中，采用自愿报名、面试筛选的方式挑选出符合条件的学员：具有比较强的创业意愿；具有吃苦耐劳、坚忍不拔的意志品质；家庭成员或亲戚中有从事商业经济工作或开办企业及家庭经济状况比较好又能够支持子女创业意愿背景的学员；有一定创业素质。

（2）课程培养目标：培养德、智、体全面发展，在原有专业知识技能基础上，具有企业家精神和特质，激发创业潜能、创业意识，使之成为具备捕捉创业机会、开办企业和管理企业的能力的创业创新型人才，并在培养期内，使每个人都具有一次实际创办企业的经历。

（3）创业管理专业本科课程设计见表 6－3。

表 6－3　创业管理专业本科课程设计表

课程	课堂总学时	实践总学时	开课学期							
			一	二	三	四	五	六	七	八
创业设计（创业计划书）										第5周

① 江西师范大学创新创业教育研究与指导中心．“创业管理”本科辅修专业（“明日之星”班）［EB/OL］．2005－07－19.

续 表

课程	课堂总学时	实践总学时	开课学期							
			一	二	三	四	五	六	七	八
应用经济学	72				4					
创业学	54				3					
创业意识与企业家精神	36	36			2					
商法税制	54				3					
创业理财	54					3				
创业投融资	54					3				
市场调查与分析	36	36				2				
创业营销学	72					4				
新企业创立	54	36					3			
企业与创业团队管理	54						3			
创业计划	54						3			
创业实践								第18周		
创业企业成长管理	36								2	
知本创业导论	36								2	
创建品牌与品牌管理	54								3	
小计					12	12	9	2	7	2

注："开课学期"部分所列数字为每周课时数，每学期以18周计算。

2. 创业管理专业专科课程设计①

江西师范大学依托现有工商管理类专业与应用经济类专业成立了"创业教育中心"。创业教育中心为了更好地培养大学生的创业素养，针对部分具有创业意愿但创业素养基础不够的大学生开设了创业管理专业专科课程。课程的具体设计如下：

（1）课程培养对象：在全校各专业一、二年级学生中，采用自愿报名方式。

① 江西师范大学创新创业教育研究与指导中心．"创业管理"专科辅修专业（创业普及班）［EB/OL］．2005－07－19.

（2）课程培养目标：培养德、智、体全面发展，在原有专业知识技能基础上，具有企业家精神和特质，激发创业潜能、创业意识，使之成为具备一定的捕捉创业机会、开办企业和管理企业的能力的创业创新型人才，并在培养期内，使部分学员具有一次实际创办企业的经历。

（3）创业管理专业专科课程设计见表6－4。

表6－4　创业管理专业专科课程设计表

课程	课堂总学时	实践总学时	开课学期							
			一	二	三	四	五	六	七	八
创业设计（创业计划书）								第5周		
创业学	54				3					
创业意识与企业家精神	36	36			2					
商法税制	54				3					
创业理财	54					3				
市场调查与分析	36	36				2				
创业营销学	72					4				
新企业创立	54	36					3			
企业与创业团队管理	54						3			
创业企业成长管理	36						2			
创业计划	54							3		
小　计					8	9	8	5		

注："开课学期"部分所列数字为每周课时数，每学期以18周计算。

从江西师范大学所创设的创业管理专业本科及专科课程设计，我们可以看出，该课程设计以人才市场为导向，以用人单位人才需求和大学生学习需求为依据，在调查研究的基础上设计出一套有针对性的大学生创业素养培养课程。其特点有：

一是课程设计的培养对象与课程科目设置相符合。创业管理专业课程在选择课程培养对象时，充分分析了学生的个性特点与基本素养，并结合学生的兴趣与爱好，从而选择与课程目标定位相符合的课程培养对象。比如，创业管理本科课程对在选择课程培养对象时要求甚为严格，对培养对象的要求也更高；而创业管理专科课程对培养对象的选择和要求上则较为宽松。这对于学生创业素养的有效培养是非常必要的。不同的培养对象和培养目标，对应的课程设计也是不一样的。这样的两个不一样充分体现了课程设计的灵活性与可操作性。因为在这种课程设计的培养下，学生创业素养的形成指日可待。

二是课程设计充分发挥学科课程与活动课程的作用。细看创业管理专业本科及专科的具体课程科目设置，我们不难看出：课程的内容既有结构体系严密的学科课程，也有增加学生经验的实践活动课程。这两种课程形式是非常重要且必要的，它们之间的有效融合对于创业课程培养目标即培养学生的创业素养起了关键性的作用。这就使得学生创业素养的培养真正落到实处。

针对以上分析，笔者认为创新研究课程设计的策略可以从以下几个方面进行考虑：

第一，整合创新研究课程科目设置体系，突出创业创新能力的培养，使学生能有较强的创业意识。与此同时，创新研究课程培养对象及目标定位与课程科目设置应相符合，而且课程科目设置必须注重学科课程与活动课程相互融合。

第二，优化创新研究课程内容，开设符合时代特点的公共选修课，比如：创业管理学、创业心理学、创业小企业、企业管理学、成功学、公共关系学、市场营销学、美学、创新思维、团队合作、人际沟通、领导艺术、中外名著选读、中外艺术欣赏等。

江西师范大学的创业管理专业本科及专科课程设计总体来说是较为合理的，但江西师范大学大部分学生的创业素养并不高。究其原因，笔者认为，创业管理课程最终面向的只能是一小部分学生，大部分学生由于各方面条件的限制难以接触到创业管理课程。加大创新研究课程的宣传力度，为学生创设更多更好的条件，对于全面提高大学生创业素养无疑是重要且必要的。

三、社会实践课程策略

社会实践课程是课程模块中公共选修课的课程之一，该课程突出了学生综合运用学科知识以及社会实践能力的培养。江西师范大学为了拓展学生知识与能力、培养学生创新与实践能力、打造特色教育平台，强化了第二课堂在人才培养中的作用，在通识教育模块中设置了学术讲座、艺术技能、创新研究和社会实践等小模块。在社会实践模块中，积极鼓励学生参加"三下乡"、红土地支教实习工程、科研创业、数学建模、电子制作大赛以及多媒体设计制作大赛等。

"三下乡"是江西师范大学为促使学生了解和热爱农村、熟悉国情、锻炼综合素质并促进农村经济文化建设而在暑假期间开展的大学生农村社会实践活动。大学生通过一段相对较集中的时间在农村生活和工作，发挥他们专业特长为农村教育、生产和建设服务，进一步锻炼大学生的意志和提高他们的综合素质，为他们日后到农村工作、生活奠定较好的思想基础和能力基础①。

红土地支教实习工程是江西师范大学于 2004 年启动的教学实践活动。它有效地缓解了实习基地学校师资紧缺的状况，进一步提高了实习生教学技能、专业能力，增强了毕业生服务农村、献身教育的责任感和使命感②。

科研创业在江西师范大学几个理科学院都有涉及，化学化工学院建立了"以科研项目为载体"的开放性、综合性实验教学内容体系。学院利用承担的各类各级科研项目多、经费充足的有利条件，把实践教学的内容与教师承担的基础研究、技术开发项目相结合，与社会经济发展的需要相结合，大大拓展了实践教育内容的广度和深度。实现了由单一的专业知识实践向综合知识实践的转变，由传统的验证性实践向综合性、设计性实践的转变。同时，大大扩大了学生的知识视野，提高了他们的动手能力和创新能力，激发和培养了学生的创新激情以及艰苦奋斗的精神③。

大学生数学建模竞赛是由教育部高教司和中国工业与应用数学学会联合举办的全国大学生课外科技活动，也是大学生的一项群众性的科技活动。该活动的目

---

① 游海．以生为本　全面发展——江西师范大学人才培养模式创新与实践[M]．南昌：江西高校出版社，2005：142.

② 游海．以生为本　全面发展——江西师范大学人才培养模式创新与实践[M]．南昌：江西高校出版社，2005：142.

③ 游海．以生为本　全面发展——江西师范大学人才培养模式创新与实践[M]．南昌：江西高校出版社，2005：217－218.

的在于提高学生建立数学模型和运用计算机技术解决实际问题的综合能力，激励学生的积极性，鼓励广大学生踊跃参加课外科技活动，开拓知识面，培养创新精神、合作意识和克服困难的毅力和意志。通过大学生数学建模竞赛活动，使学生有机会切身经历科学研究的全过程，学到了课堂外的知识和经验；提高了学生运用数学知识综合分析和解决实际问题的能力，培养了创新意识和创新能力①。

通过对以上社会实践课程的阐述，笔者认为，社会实践课程设计的策略可以对以下方面进行关注：

一是适当减少相关理论课，增加相应的实验课、实践课、能力实训课。从而改变传统的以知识讲授为主能力发展为辅、通过知识的传授就可以发展学生能力的观念，现代教学应突出学生能力的培养，要以学生能力发展为核心去组织知识，形成“能力－知识”教学模块。

二是强化实践性教学环节，增加课堂讨论的内容及方式。比如：案例教学、启发式教学、模拟情景教学、模拟实践教学等。与此同时，创设实验环境，让学生自己动手；利用假期参加社会实践活动；搞好教学实践基地建设，为学生实习创造条件。

第三节　变革创业教育的教学模式

在对江西师范大学的调查中我们了解到当代大学生非常渴望得到创业素养的培养，从而提高自身创业的素质及修养。创业素养的培养目标的实现不仅要有一种全新的课程设置范式，也要有与之相适应的教学模式。如果教师只是依据早已设计好的课程进行教学，而不考虑学生的兴趣，把知识理解为可以传承的，学生

---

① 游海．以生为本　全面发展——江西师范大学人才培养模式创新与实践［M］．南昌：江西高校出版社，2005：203－204.

的头脑被看作是一种被动"储存器"，用教师的"教"代替学生的"学"，学生学习的权利和实践的权利被剥夺，那么学习的质量必然会受到损害，学生素养的培养也会成为一句空话。在就业教育条件下，教育质量评价的权力主要在高等教育内部，其教学过程具有以下特点：通过传授、记忆、回忆与再现的方式，由教师向学生传授知识；更注重"教"而不是"学"；正确的答案被看作是重要的并给予奖赏，而近似的答案、猜测和多种解释不被重视甚至被排斥；在教学过程中，教师的权威至高无上；考试及其分数对学校、学生和教师都是至关重要的等等。在创业教育条件下，教育质量的评价将主要由社会做出，对学生来说，与创业有关的知识、技能必不可少，但更重要的是强烈的创业欲望以及自信心与进取精神，因而需要在教学过程中营造一种民主、平等的不断进取与创新的教育氛围。创新教学方法是"创业教育"成功的关键。

同时，在调查过程中，我们发现有一小部分大学生的创业素养较为突出，经过进一步的调查，我们了解到，他们中有部分同学参加了江西师范大学开设的各种创业教育培训。由此，笔者进一步追踪了解了江西师范大学在创业教育培训中所应用的优秀教学模式，现以江西师范大学的创业教育培训活动为例，简述创业教育教学模式的变革策略。

一、SYB 创业培训与基于资源的主题教学模式

（一）关于 SYB 创业培训

创业是当今中国社会发展的大趋势。鼓励和促进创业，有利于劳动者实现个人价值，有利于促进就业和维护稳定，有利于推动国家经济的健康发展。当前，自主创业和自谋职业已经成为缓解大学生就业压力、促进失业人员再就业的主要方式之一。随着国家制定的一系列创业和再就业优惠政策的逐步落实，我国将会出现一个新的创业高潮。创业既需要创业者的勇气，也需要创业者的智慧，还需要政府和社会支持。为了引进国外的先进经验，2000 年，国际劳工组织亚太地区就业促进项目（ILO/PEP）与中国劳动与社会保障部合作，将 SYB 从越南的 SIYB 项目引进中国，探索为有创业愿望的人员开展创业培训，并辅之以创业所需的小额信用担保机制，帮助创业者解决创业时遇到的知识技能欠缺和资金不足

的问题，探索以培训促进创业、以创业带动就业的城市就业新模式。2001 年 12 月 27 日，我国开始在河北张家口市、内蒙古自治区包头市、吉林省吉林市进行试点，并通过召开研讨会、师资培训等形式向全国推介。

国际劳工组织为了促进就业，支持发展中国家微小企业的发展，以创业促就业，实现就业的倍增效应，专门组织专家开发了《创办你的企业和改善你的企业》（Start and Improve Your Business，简称 SIYB）系列培训项目与教材，《创办你的企业》（Start Your Business，简称 SYB）是其中的一部分。

这套教材是专家们集体智慧的浓缩，也是各国实践的结晶。实践证明，该教材简明、通俗、易懂、实用，是小企业家创业培训的通用教材，能适用于各种不同的创业情况。到目前为止，该教材已经被翻译成 40 多种语言并在 84 个国家使用。学员和教师普遍反映培训内容切合实际，教学方式新颖独特，案例分析循序渐进，对他们转变就业观念、激发创业意识、掌握创业技巧和增强创业能力起到了很大的作用。

（二）基于资源的主题教学模式

从教学模式的角度对 SYB 创业培训进行阐释，SYB 创业培训也是一种基于资源的主题教学模式。

1. 良好的学习资源

SYB 培训项目的主要目的是使参加培训的人员能够创办和维持一个可盈利的小企业。该项目既适合想创办企业的人员，也适合已经创办了企业但又不是很懂企业经营管理基本知识的人。该项目的主要特点有：

第一，在广泛的国际经验的基础上加以改编，适应引进国家当地的情况和需要；第二，培训内容系统简明，通俗易懂，融课堂教学与后续咨询服务于一体，实用性强，由浅入深，还具有很强的可操作性；第三，采用高度民主创新的参与性培训方法，打破以教师为中心的传统培训模式，注重成人学习特点，充分调动学员参与，实现教师与学生的互动。

2. 优秀的主题开发

这个项目由培训、实际操作以及后续的支持服务三部分组成。其中 SYB 培训项目的内容有 10 步，由两部分构成：

第一部分为 SYB 创业意识培训（前 2 步）。本部分内容帮助学员了解成功的小企业家的特征和创办企业失败的共同原因，评价他们是否适合创办小企业，估算他们创办小企业所需的资金，选择一个切合实际的企业构想。

第二部分为 SYB 创业计划培训（后 8 步）。本部分内容向培训学员讲授如何准备创业计划、创办他们的新企业所要采取的行动。

SYB 创办意识培训是培训学员参加创业计划培训的先修课，它犹如一个“漏斗”，对想要创办企业的人进行筛选，让学员能对自身有一个清晰、客观的认识，做到扬长避短，并学会通过各种方法挖掘市场机会，形成创业构想。SYB 创业计划培训则是传授学员创业的基本管理知识和技能，并帮助他们真正开始创业实践。整个过程将使学员从一个想要创业的人成为一个能创业并能成功创业的人。

SYB 创业培训包括对创业意识的培训以及对创业计划的培训，因此，SYB 创业培训作为一种基于资源的主题教学模式，能有效且正确地培养大学生创业素养之启动能力。在创业教育中运用 RBTD 教学模式，能尽可能地为学生提供有帮助的学习资源，并将这些学习资源通过主题而聚集，经过学生情境化的学习，更好地服务于主题。比如上文提及的 SYB 创业培训，围绕创业意识和创业计划培训这个主题，开发出一套简明、通俗、易懂、实用的教材。因此，RBTD 教学模式是一种对大学生创业素养之启动能力的培养非常有效的教学模式。

二、创业教育实践与孵化基地以及情境化教学模式

（一）关于创业教育实践与孵化基地

江西师范大学创业教育实践与孵化基地是一个集创新教育、素质教育、职业教育和自我职业生涯设计为一体的系统教育基地。它通过课本教育、课外活动传播企业知识，塑造企业理念，同时开展创业实践，让大学生接受创业流程的模拟训练与实际开办企业，把创新、综合素质、职业技能加以实现和培养，并通过创业实践活动为学生的职业生涯设计奠定基础。

江西师范大学创业教育实践与孵化基地的功能有：

（1）创业教育、创业实践与创业孵化的功能。

（2）举办和指导学生参加各类创新、创业等课外活动，通过创新、创业等

课外活动，培养学生创新创业能力，并具有职业技能转化的实践功能和自我职业生涯设计以及就业创业一体化培养功能。

（3）通过扶持学生的创业实践和自身发展经营性活动使“孵化基地”具有自我造血功能。

江西师范大学创业教育实践与孵化基地提供的服务有：

（1）通过整合社会资源，为在孵企业提供足够的创业场地和创业设施。

（2）具有引入扶持企业的工商、税收等政府优惠政策和风险资本引导及产权交易服务。

（3）提供或介绍创业项目和企业咨询服务，包括撰写创业计划书的指导、营销咨询、管理咨询等；提供创业培训，包括 SIYB 培训；提供配套服务，包括招商服务、专利服务、信息服务、创业融资及保险服务等。

（4）搭建市场信息网络平台，能够提供国内外最新市场和产业信息。

（5）组织在孵企业开展各种经营交流、协作和市场开拓等活动。

（6）注重创业文化与氛围的营造，积极帮助创业者提高创业能力。

（二）情境化教学模式

从教学模式的角度对江西师范大学创业教育实践与孵化基地进行阐释，可以看出，它实质上是一种情境化的教学模式。情境化教学模式认为：知识在现实生活中怎么应用，就应当怎样去学，亦即，情境中的知识和技能学习的理念，折射了这些知识和技能在现实生活中应用的方式。在真实的学习环境中所获得的知识才可能是真实的知识，才具有迁移力和生存力，而不是像在去情境化中所学的知识有“强行割裂”的弊端。

江西师范大学创业教育实践与孵化基地通过提供各种政策与资金的支持，让学生成立的有潜力企业入孵，从而能使学生在真实的情境里运作企业。这对于大学生创业素养之强化能力与持续能力的培养非常有价值与意义。它为学生提供了真实的情境，是真实活动的结果；学生能够在学习共同体/实践共同体中快速成长；在此情境中获得的能力是通过认知工具/资源的运用和知识的协作/社会性建构中获得的；对活动的评价也是最真实的，由所产生的经济与社会利益来衡量。

江西师范大学创业教育实践与孵化基地通过建立以社会主义市场经济为主导

的运行机制，以优质的无偿服务降低企业的创业风险和创业成本，提高创业成活率和成功率，实现其经济和社会效益，并逐步实现自主经营、自我约束、自我发展的良性循环，向专业化、多元化、网络化方向发展。孵化基地通过提供一个真实的情境，让学生在真实的情境中开展创业实践活动，学生可以在真实的情境中获得创业素养中的强化能力与持续能力，他们能学到可以在现实生活中应用的知识和技能。因而，情境化教学模式对大学生创业素养之强化能力和持续能力有非常重要的作用。

三、“挑战杯”中国大学生创业计划竞赛与基于项目的教学模式

（一）关于“挑战杯”中国大学生创业计划竞赛

“挑战杯”全国大学生系列科技学术竞赛是由共青团中央、中国科协、教育部和全国学联、举办地人民政府共同主办的全国性的大学生课外学术实践竞赛。“挑战杯”竞赛活动由于展示了我国各高校的育人成果，推动了高校学生与社会间的交流与合作，已成为高校学生课外科技文化活动中的一项主导性活动，越来越受到广大学生的欢迎和各高等院校的重视，在社会上产生广泛而良好的影响，成为促进高校科技成果向现实生产力转化的有效方式①。

到目前为止，“挑战杯”竞赛在中国共有两个并列项目，一个是“挑战杯”中国大学生创业计划竞赛；另一个则是“挑战杯”全国大学生课外学术科技作品竞赛。这两个项目的全国竞赛交叉轮流开展，每个项目每两年举办一届。

“挑战杯”中国大学生创业计划竞赛（俗称“小挑战杯”，因为相对另一个项目，这个竞赛开展得晚）旨在引导大学生适应深化教育改革、推进素质教育的要求，了解创业知识，培养创业意识，树立创业精神，提高创业能力。

创业计划竞赛起源于美国，又称商业计划竞赛，是风靡全球高校的重要赛事。它借用风险投资的运作模式，要求参赛者组成优势互补的竞赛小组，提出一项具有市场前景的技术、产品或者服务，并围绕这一技术、产品或服务，以获得

---

① 百度百科．“挑战杯”全国大学生课外学术科技作品竞赛［EB/OL］．http：//baike. baidu. com/item/“挑战杯”全国大学生课外学术科技作品竞赛/2901147？fr = aladdin.

风险投资为目的，完成一份完整、具体、深入的创业计划。

竞赛采取学校、省（自治区、直辖市）和全国三级赛制，分预赛、复赛、决赛三个赛段进行。

努力培养广大青年的创新创业意识，造就一代符合未来挑战要求的高素质人才，已经成为实现中华民族伟大复兴的时代要求之一。作为学生科技活动的新载体，创业计划竞赛在培养复合型、创新型人才，促进高校产学研结合，推动国内风险投资体系建立方面发挥越来越积极的作用。

（二）基于项目的教学模式

从教学模式的角度分析，“挑战杯”大学生创业计划竞赛是一种基于项目的教学模式。

“挑战杯”是以项目为基础的竞赛。竞赛借用风险投资的实际运作模式，要求参赛者组成优势互补的竞赛小组，提出一个具有市场前景的技术产品或服务项目，针对提出的项目制作作品，并借助多种资源，在一段相对短的时间内解决项目所相互关联的问题。项目有一个驱动性问题，用来组织和激发项目的完成；有一个最终作品，最终必须完成一份完整且具体深入的商业计划；问题来源于现实，需要综合运用多学科知识才能完成，因而有多种学科知识的交叉；强调项目完成活动中的合作，各项目成员必须竭诚团结协作，才能最终完成好项目；项目的最终研究成果有一定的社会效益，可以帮助企业进行准确的市场定位与策划；项目完成需要在现实生活中对项目进行探究；在完成项目的过程中，也必须运用多种信息资源。

“挑战杯”大学生创业计划竞赛作为一种基于项目的教学模式，能有效地促进大学生创业素养中实施能力的培养，可以使大学生最大限度地发挥自身的能力和特长，激发出能动性和创造性，实现个性的充分发挥。与此同时，还有利于大学生根据自身的特点、优势和能力状况，选择正确的创业目标，使大学生能尽快掌握创业过程的实质，增长创业经验。因此，基于项目的教学模式是一种对大学生创业素养之实施能力的培养行之有效的教学模式。

结 语

大学生创新创业素养的培养是知识经济时代的客观要求，是社会主义市场经济的需要，也是高等教育改革的必然趋势。创业教育是深入和具体化的大学生素质教育和创新教育，是一种使人的素质不断提高、不断深化的终身教育，创业教育的目标在于培养具有创业意识、创业精神和创业能力的开创型人才。因此，高等学校开展创业教育对大学生创业素养的有效培养与形成具有重要作用。创业教育是指以课程教学与实践活动为主要载体，培养学生未来从事创业实践活动所必备的意识、心理品质、知识和能力的教育。我国创业教育的开展有其时代背景及重大现实意义，这为高校开展创业教育提供了可能性和必要性。大学生创业素养的培养是一个复杂的系统工程，有赖于国家、社会、高校、企业、个人等各方面的支持、努力与配合。从外部来讲，需要国家创业教育相关制度的建立、社会创业环境的营造、与企业联合等等；从内部来讲，重点需要从课程设置与教学改革两方面着手。

本书的研究出发点主要是通过对大学生创新创业素养的现状进行调查分析，从课程与教学两个角度对大学生创业素养的培养路径与策略提出些许建议。在写作过程中，笔者认为收益之处主要在于：本文通过问卷调查结果，按创业素养的四大能力 22 个要素对现状进行分类，以清晰的脉络梳理出大学生创业素养的现状及成因。在对大学生创业素养现状及成因总结的基础上，提出了一些提高大学生创业素养的对策与思考：主要是创设创业教育校外环境，包括完善与落实创业政策、加强与拓展创业培训以及强化与完善服务体系；优化创业课程设置结构，包括课程模块设计、创新研究课程以及社会实践课程；变革创业教育的教学模式，包括 SYB 创业培训、创业孵化基地以及“挑战杯”全国大学生竞赛；从江西师范大学的个案研究，到钦州学院的模式构建，再到北部湾大学的实践探索，从理论分析到实践应用，使本研究始终贯穿于理论与实践的紧密联系中，这也是本研究的重要特点之一。

此外，在研究过程中因笔者能力有限，以及时间等因素的制约，在调查中仍存在许多不足之处，主要问题有：问卷中问题设计有一些不足，部分问题数据未充分挖掘；对问卷的分析也存在欠缺，总结不够全面。

笔者将继续关注大学生创新创业素养培养的相关问题，尤其是人工智能时代下如何提升创新创业教育的质量等问题，以上这些不足之处都将留待进一步的完善，并作后续研究。

参考文献

[1] 李志能，郁义鸿，Robert D Hisrich. 创业学[M]. 上海：复旦大学出版社，2000.

[2] 宋克勤. 创业成功学[M]. 北京：经济管理出版社，2002.

[3] 赵冰梅，刘伟力. 现代企业管理教程[M]. 北京：航空工业出版社，2008.

[4] 钟志贤. 深呼吸：素质教育进行时[M]. 北京：教育科学出版社，2003.

[5] 孙宏安. 自主学习的理论与实践[M]. 北京：开明出版社，2003.

[6] 钟志贤. 大学教学模式革新：教学设计视域[M]. 北京：教育科学出版社，2008.

[7] 李时椿，常建坤，杨怡. 大学生创业与高等院校创业教育[M]. 北京：国防工业出版社，2004.

[8] 焦方红，李海红. 大学生创业教育[M]. 长春：吉林人民出版社，2008.

[9] [美] 泰勒. 课程与教学的基本原理[M]. 施良方译. 北京：人民教育出版社，1994.

[10] 钟志贤. 信息化教学模式[M]. 北京：北京师范大学出版社，2006.

[11] 本书编委会. 高校大学生就业创业工作研究：第一辑[M]. 合肥：中国科学技术大学出版社，2017.

[12] 刘英，王治金. 人才培养模式改革的研究与实践[M]. 哈尔滨：哈尔滨工业大学出版社，2010.

[13] 祁立新. 新编大学生职业发展与就业指导[M]. 成都：电子科技大学出版社，2015.

[14] 沈之菲. 生涯心理辅导[M]. 上海：上海教育出版社，2000.

[15] 新锦成研究院. 2018 大学生就业质量研究[M]. 北京：现代教育出版社，2018.

[16] 张爱卿. 人才测评[M]. 北京：中国人民大学出版社，2011.

[17] 王玉. 情感智能与领导力[M]. 北京：台海出版社，2018.

[18] 王林，王天英，杨新惠．大学生职业生涯与就业指导[M]．北京：中国铁道出版社，2018.

[19] 古典．拆掉思维里的墙[M]．长春：北方妇女儿童出版社，2011.

[20] 鞠远华．为自己工作到最好[M]．北京：北京大学出版社，2012.

[21] 刘展．制度管人流程管事　做最简单高效的管理者[M]．北京：中国财富出版社，2015.

[22] 游海．以生为本　全面发展——江西师范大学人才培养模式创新与实践[M]．南昌：江西高校出版社，2005.

[23] 于连涛，刘伟．创新与创业教育[M]．青岛：中国海洋大学出版社，2004.

[24] 姜家雄．浅析知识经济时代创新教育的特征[J]．云南师范大学学报，2002（03）.

[25] 闵维方．中国的经济转型和高等教育改革[J]．中国大学教学，2005（10）.

[26] 罗承选．培养具有独立创业者精神的高素质人才——大学面向新世纪的重要使命[J]．中国软科学，1999（12）.

[27] 赵中建．21 世纪世界高等教育的展望及其行动框架——'98 世界高等教育大会概述[J]．上海高教研究，1998（12）.

[28] 丁金山，龚红果．对培养大学生创业素养的思考[J]．煤炭高等教育，2001（04）.

[29] 蒋义丹．创业教育——高校面临的新任务[J]．教育发展研究，2003（02）.

[30] 丁厚春．创业教育：中国高等教育的现实选择[J]．湖北经济学院学报（人文社会科学版）.2006（07）.

[31] 张琳琳，张桂春．美国创业教育的经验及启示[J]．中国职业技术教育，2004（02）.

[32] 牛长松．美国创业教育的发展历程及启示[J]．职业技术教育，2007，28（01）.

[33] 丁三青．中国需要真正的创业教育——基于“挑战杯”全国大学生创业计划竞赛的分析[J]．高等教育研究，2007（03）．

[34] 王一兵．学会关心：21 世纪的教育——圆桌会议报告[J]．教育研究，1990（07）．

[35] 罗兆立．创业教育探析[J]．科技创业月刊，2006（12）．

[36] 徐华平．试论我国高校的创业教育[J]．中国高教研究，2004（02）．

[37] 王征．培养学生创新能力初探[J]．文教资料，2007（25）．

[38] 徐铁辉．高校创业教育的内涵、目标与特点探析[J]．益阳职业技术学院学报，2006（04）．

[39] 张志军，梁艳清，侯维芝．高校创业教育领域课程统整的原则和步骤[J]．职教论坛，2007（02）．

[40] 孔欣欣，缑院君．新时期地方高校大学生就业指导教育改革探索[J]．中国大学生就业，2018（22）．

[41] 李伟．关于培养大学生就业能力的探讨综述[J]．经济研究参考，2018（12）．

[42] 梁榕，薛峰．基于供需双向数据研究的大学生就业指导模式设计[J]．中国成人教育，2018（12）．

[43] 赵劲．促进高校就业指导课程师资“专职化”的路径[J]．教育与职业，2015（02）．

[44] 赵忠见．基于学生需求分析的高校就业指导课程优化策略研究[J]．教育理论与实践，2020，40（06）．

[45] 何竞旻．高校就业指导课教学方式存在的问题及对策[J]．当代教育实践与教学研究，2019（22）．

[46] 尹兆华．职业生涯规划与就业指导课程建设探索和实践[J]．中国大学教学，2019（Z1）．

[47] 姜莉．关于大学生职业生涯发展教育“赛教互促”模式的思考[J]．正德职业技术学院学报，2016，13（02）．

[48] 许金波，杨忠，崔顾芳．大学生职业生涯规划“赛教互促”模式的构

建与实践[J].南通航运职业技术学院学报，2015，14（01）.

[49] 冯建.应用型本科院校大学生就业指导师资队伍建设的困境及路径探析[J].大学教育，2020（01）.

[50] 冯静，陈家才.大学生职业生涯规划课程师资队伍建设的思考[J].教育教学论坛，2012（34）.

[51] 邱佩钰.高质量就业视域下高校开展职业指导工作新思路[J].长春教育学院学报，2019，35（10）.

[52] 陈华华，邹望鑫.关于“人职匹配”视角下大学生择业指导的几点思考[J].新校园（上旬），2015，4（09）.

[53] 徐华平.试论我国高校的创业教育[J].中国高教研究，2004（02）.

[54] 鲍冠艺.浅析技术应用型本科院校创业教育模式[J].改革与开放，2009（05）.

[55] 双齐.创业教育仍需加强——访清华大学中国创业研究中心副主任高建[J].中国大学生就业，2004（14）.

[56] 钱强.当前高校创业教育的问题与对策探究[J].中国高教研究，2005（08）.

[57] 向夕品.试析高校大学生创业素养的培养[J].经济师，2004（07）.

[58] 李春琴.高校创业教育课程体系构建研究[J].中国成人教育，2007（15）.

[59] 陈文华，关小燕.开展大学生创业教育的思考[J].江西教育科研，2004（13）.

[60] 唐德海.从就业教育走向创业教育的历程[J].教育研究，2001（02）.

[61] 毛家瑞，彭钢，陈敬朴.关于创业教育的若干问题[J].教育研究，1992（01）.

[62] 董跃进，马以庄.大学生创业素质培养的实践与思考[J].黑龙江高教研究，2000（06）.

[63] 阎立钦.培养创新能力推动素质教育.教育研究[J].1999（10）.

［64］黄赐英．实践性课程：开展创业教育的重要途径．海南师范学院学报（社会科学版）［J］．2006（02）．

［65］赵明民．关于高校开展大学生创业教育的思考［J］．教育与职业，2007（02）．

［66］胡求光．创业教育——教育与经济的结合点［J］．经济师，2001（06）．

［67］Donald F Kuratko. The Emergence of Entrepreneurship Education：Development，Trends，and Challenges［J］．Entrepreneurship：Theory and Practice，2005（30）．

［68］Robert C Ronstadt. Entrepreneurship［J］．Lord Publishing Co.，1984.

［69］Howard H Stevenson，J Carlos Jarillo. A Paradigm of Entrepreneurship：Entrepreneurial Management［J］．Strategic Management Journal，1990（11）．

［70］Jeffery A Timmons，Stephen Spinelli. New Venture Creation［J］．McGraw Hill Higher Education，1999.

［71］王琳媛．知识经济中我国高校创业教育研究［D］．上海：上海交通大学，2007.

［72］张继．我国高校大学生职业生涯规划教育服务机制研究［D］．成都：西南石油大学，2014.

［73］曾成．高校创业教育目标及其实现［D］．长沙：中南大学，2007.

［74］王彩华．我国高校创业教育研究［D］．上海：华东师范大学，2007.

［75］张琳琳．创业教育实施研究［D］．大连：辽宁师范大学，2005.

［76］向东春．大学创业教育课程设置研究［D］．武汉：中南大学，2003.

［77］宫敏．大学生创业教育的理论与实践——以华中科技大学科技创业教育例［D］．武汉：华中科技大学，2005.

［78］钟志贤．面向知识时代的教学设计框架——促进学习者发展［D］．上海：华东师范大学，2004.

［79］谢云．创新推广理论视野中的教育信息化策略——以江西省中小学信息技术推广应用障碍与对策研究为个案［D］．南昌：江西师范大学，2005.

[80] 张琦．大学生专业实践能力培养研究：认知学徒制视野——以江西师范大学软件学院“导师制下项目驱动教学模式”为研究个案[D]．南昌：江西师范大学，2006.

[81] 曹东云．高校双语教学存在的问题与对策研究：ISD 视野——以江西师范大学为研究个案[D]．南昌：江西师范大学，2005.

[82] 孔夏萌．高校职业生涯教育课程研究[D]．重庆：西南大学，2013.

[83] 大学生创业走进二维码业[EB/OL]．上方网：http：//www. sfw. cn/xinwen/112409. html.

[84] 国务院．《国务院关于进一步做好新形势下就业创业工作的意见》[EB/OL]．http：//www. gov. cn/zhengce/content/2015 -05/01/content_9688. htm.

[85] 中国政府网．2019 年政府工作报告[EB/OL]．http：//www. gov. cn/zhuanti/2019qglh/2019lhzfgzbg/mobile. htm.

[86] 中国政府网．2019 年政府工作报告全文[EB/OL]．http：//www. gov. cn/zhuanti/2019qglh/2019lhzfgzbg/index. htm.

[87] 中华人民共和国教育部．教育部办公厅关于印发《大学生职业发展与就业指导课程教学要求》的通知[EB/OL]．http：//www. moe. gov. cn/s78/A08/moe_745/tnull_11260. html.

[88] 中华人民共和国教育部．教育部关于做好 2019 届全国普通高等学校毕业生就业创业工作的通知[EB/OL]．http：//www. moe. gov. cn/srcsite/A15/s3265/201812/t20181205_362495. html.

[89] 中华人民共和国教育部．教育部关于推动高校形成就业与招生计划人才培养联动机制的指导意见[EB/OL]．http：//www. moe. gov. cn/srcsite/A08/s7056/201801/t20180123_325312. html.

[90] 中华人民共和国教育部．教育部关于做好 2015 年全国普通高等学校毕业生就业创业工作的通知[EB/OL]．http：//www. moe. gov. cn/srcsite/A15/s3265/201412/t20141202_180810. html.

[91] 江西师范大学创业教育研究与指导中心．“创业管理”本科辅修专业（“明日之星”班）[EB/OL]．2005 -07 -19.

［92］江西师范大学创业教育研究与指导中心．“创业管理”专科辅修专业（创业普及班）［EB/OL］．2005－07－19.

［93］青岛大学生积极创业进行时［EB/OL］．中国大学生创业网．2008－03－14. http：//www. studentboss. com/todaynews/newsjj. php?id＝14485.

［94］Cathy Ashmore. Entrepreneurship Everywhere：A Guide to Resources and Models for Entrepreneurship Education［EB/OL］．［2006－04－15］．http：//www. entre-ed. org.

［95］UNESCO Principal Regional Office for Asia and the Pacific［EB/OL］，1994. http：//unesdoc. unesco. org/images/0011/001119/111909e. pdf.

附　录

钦州学院大学生创新创业园项目管理办法实施细则

第一章　总则

第一条　钦州学院大学生创新创业园（以下简称为创新创业园）是在校党委和行政部门的领导下，以培育大学生的创新、创业精神和提高创新、创业能力为宗旨，为大学生创新、创业能力的培养提供必要的实践平台，是大学生校内创新、创业项目的实践基地和孵化基地，为学生创新、创业活动提供服务。

第二条　创新创业园分为两个功能区，北部湾餐厅三楼为大学生创新基地，侧重专业实践、创新项目；在本部校园内移动动感厅斜对面为大学生创业园，侧重创业实体项目。

第三条　项目来源多元化。创新基地的项目主要来自四个方面：一是学生主持承担的区级、校级创新项目或自主开发的科研项目：二是学校承担的各级纵向或横向科研课题的子课题；三是教师承担的各级教学改革项目；四是根据用户的需求，即科研或企事业单位提出研究项目。

第四条　学校鼓励在校生组建创新创业团队，申报创新、创业项目，开展科学研究、发明创造、技术服务、文化创新、文化创作、产业技术开发、产品开发等创新创业实践活动。创新创业园实行项目化引导、市场化运作模式，重点支持拥有社会急需的创新、创业项目团队入驻创新创业园，开展创新、创业实践活动。

第五条　创新创业园的建设坚持“科学规划、科学建设、科学管理”的原则，紧紧围绕我校学科专业建设发展规划和布局，从构建完善的服务扶助体系、搭建设施齐备的创新创业平台入手，用一至两年时间，将我校创新创业园建设成特色突出、配套功能完善、承载能力强的创新创业实践基地和孵化基地，成为鼓励、扶持和培养大学生团队合作精神、创新创业能力的有效载体。

第六条　创新创业园的管理坚持“自筹资金、自主经营、自负盈亏、自我约束、自我发展、重点扶持”的原则，学校提供创新创业平台，在专业老师的指导下发挥学生的专业才能，培养学生以团队合作的形式，开展创新和创业、自主策划和经营活动，独立承担责任。学校不以营利为目的，与创新和创业者责、权、利明晰。学校在统筹考虑、合理布局的基础上，突出重点，整合资源，充分发挥市场作用，同时依托我校学科和专业优势，引导创新创业园的建设、运作与管理能够健康有序地开展。

第二章　组织机构及职责

第七条　成立创新创业园指导委员会（简称“指导委员会”），主任由分管学生工作的副书记和分管就业、科研、教学工作的副院长组成，成员由招生就业处、校团委、教务处、学生工作处和科技处等相关负责人组成，职责是负责创新创业园的指导工作。

第八条　成立创新创业园管理服务中心（以下简称“管理服务中心”）主要由招生就业处、校团委、教务处、学生工作处、科技处领导及其他专业人员组成。具体职责是：

1. 根据上级鼓励大学生创新、创业的相关文件精神，结合学校实际，负责大学生创新、创业活动的组织和管理，编制创新创业园发展规划、项目指南。

2. 负责创新创业园的整体形象设计、宣传和对外联络。

3. 负责受理创新创业团队及项目的申请和组织专家评审工作。

4. 负责指导老师的队伍建设，有计划开展内部培训及送培，建设一支具有专业化、市场化、信息化的指导教师队伍。

5. 代表校方与创新创业团队签订创新创业园使用的相关协议，办理入驻与退出的相关手续。

6. 为在校大学生提供创新创业项目指导与帮助。

7. 负责入驻创新创业团队的考核、评比和转接工作，对创新创业项目的实施进行过程监控。

8. 负责创新创业园的日常管理及各类材料的归档工作。

9. 办理由学校交办的其他工作。

第三章　创新基地入驻与申办程序

第九条　入驻条件：

1. 创新团队负责人及其成员必须为钦州学院在校全日制本、专科学生。

2. 创新团队成员没有违法违纪记录，学有余力，开展创新活动需经家长和所在二级学院同意。

3. 创新团队应有本校的指导教师指导，自愿接受创新基地的相关管理制度，并遵守执行。

4. 入驻创新项目要求思路新颖、目标明确、具有创新性和探索性、具有广阔的市场前景，学生要对实施方案进行可行性分析，并在实施过程中不断调整优化。

创新项目范围是：结合学科专业（和跨学科）的科研项目或与行业结合紧密的项目；开放实验室中的综合性、设计性、创新性实验项目；学生自主寻找的项目；从专业学习和学科竞赛中引申出的项目；社会调查及其他有研究或实践价值的项目；鼓励利用教师承担的科研经费或其他企事业单位经费增加立项项目。

5. 参加区级以上电子设计竞赛、软件（课件）设计大赛、化学化工类实践技能竞赛、机械创新设计大赛等各专业比赛并获得区级三等奖以上奖项的项目，或区级创新项目同等条件下优先进驻。

6. 创新项目入驻后一年内，项目组有成员参加区级以上的学科竞赛。

7. 创新项目入驻后两年内至少申报专利 1 项，或申请软件著作权登记 1 项、或发表学术论文1篇，或参加省级以上挑战杯和相应的各学科竞赛获区级三等奖以上1项，或其他档次相当的奖项1项以上，并将争取获以上相关奖项的工作计划列入申报书中作为项目考核的依据。

第十条 入驻程序：

1. 入驻项目需提交《钦州学院大学生创新创业园创新项目申报书》。

2. 管理服务中心邀请专家对创新团队及创新项目申报书进行评审。

3. 经审核合格的团队，本着自主自愿的原则，由团队自行决定以何种形式入驻创新基地（工作室、公司或科研项目团队）。如果以公司形式入驻，则需办理工商等部门颁发的相关许可证书，并将复印件提交管理服务中心。

4. 评审合格的团队所有手续办理齐全，经过公示无异议后，在管理服务中心登记，并与管理服务中心签订入驻协议书。

5. 学校颁发准入文件，团队正式入驻创新基地开展创新活动。

第十一条 每年9—10月份为入驻审批时间，其余时间入驻的，以学校通知为准；首次入驻时间暂定2012年6月；入驻扶持年限最长不超过2年，经考核评审，如确有优秀典型的示范性创新项目，可继续留在创新基地，以带动其他新的项目。

第十二条 评审标准：

1. 创新项目不得与国家各类法律、法规以及学校规章制度相抵触。

2. 创新项目申报书内容全面，具有创新性和良好的市场潜力，重视与所学专业的关联度。并具有较强的可行性。

3. 创新项目评审标准以转变教育思想、更新教育观念为先导，以培养学生的社会责任感、创新能力、创业意识和创业能力为核心，以改革人才培养模式和课程体系为重点，以提升学生的综合素质和能力、培养学生的团队合作精神为目标，以兴趣驱动、突出自主、注重过程、引导创业为原则，以问题探索、课题研究、创业训练和创业实践为载体，以获取科学方法、知识和体验为内容，以学生自主开展研究性实验和创业活动为形式，开展创新项目计划，培养高素质创新人才。

4. 创新团队负责人在校综合表现良好，具有较强的组织协调能力。

5. 创新团队有较完善的管理制度，团队组织结构合理，成员目标一致，具有良好的团队精神。

6. 负责人拥有科技服务机构、社会服务机构的实践经历，具备一定实践经验的团队，其实践经历经审查确认后，可优先入驻。

第四章　创业园入驻与申办程序

第十三条　入驻条件：

1. 创业团队负责人及其成员必须为钦州学院在校全日制本、专科学生。

2. 创业团队成员没有违法违纪记录，学有余力，开展创业活动需经家长和所在二级学院同意。

3. 创业团队应有本校的指导教师指导，自愿接受创业园的相关管理制度，并遵守执行。

4. 创业项目应具有一定的创新性或良好的市场潜力，应结合学校实际、市场需求和创业团队成员所学专业，体现为可实现的产品或服务，见效快、风险较小。

5. 科技创新型项目优先入驻，其次是科技服务和社会服务类，禁止饮食类、水果类等项目入驻。

6. 创业团队入驻创业园后，必须保证能在创业园正常开展活动。

7. 创业团队具备一定项目启动资金和承担风险的能力。

第十四条　入驻程序：

1. 入驻项目需提交以下材料：《钦州学院大学生创新创业园创业项目申报书》、家长意见书（或说明书）、成员身份证和学生证复印件。

2. 管理服务中心邀请专家对创业团队及创业项目进行评审。

3. 经审核合格的团队，本着自主自愿的原则，由团队自行决定以何种形式入驻创业园（工作室、公司或科研项目团队）。如果以公司形式入驻，则需办理工商等部门颁发的相关许可证书，并将复印件提交管理服务中心。

4. 评审合格的团队所有手续办理齐全，经过公示无异议后，在管理服务中心登记，并与管理服务中心签订入驻协议书。

5. 学校颁发准入文件，团队正式入驻创业园开展创业活动。

第十五条 每年9—10月份为入园审批时间，其余时间入园的，以学校通知为准；首次入园时间暂定2012年6月；入园扶持年限最长不超过2年，经考核评审，如确有优秀、典型的示范性创业项目，可继续留在创业园，以带动其他新的创业项目。

第十六条 评审标准：

1. 创业项目不得与国家各类法律、法规以及学校规章制度相抵触。

2. 创业项目较成熟，具有创新性和良好的市场潜力，重视与所学专业的关联度。

3. 创业计划书内容全面，并具有较强的可行性。

4. 创业团队负责人在校综合表现良好，学习过相关创业课程，具有较强的组织协调能力。

5. 发起学生拥有创办公司或店铺所必需的营运资金、聘用我校同学作为相对固定的团队成员，能够承担相应的风险。

6. 创业团队有较完善的管理制度，如是公司的必须有公司章程，合伙的必须有合伙协议，团队组织结构合理，成员目标一致，具有良好的团队精神。

7. 负责人拥有创办公司、科技服务机构、社会服务机构的实践经历，具备一定实践经验的团队，其实践经历经审查确认后，可优先入驻。

第五章　创新创业园的管理

第十七条　学校为入驻团队提供以下支持与优惠：

1. 免费为入驻的团队提供 12 ~ 18 平方米的场地、网络端口、电源接口，创新基地另配有一定数量的桌椅等办公设施，水电费按生活水电费用收取。

2. 协调入驻团队申请使用校内实验室的实验设备等资源。

3. 协调入驻项目办理所应享受的政府补贴税费减免、小额贷款等国家和自治区扶持高校学生优惠政策相关手续。

4. 协助相关部门开通“绿色通道”，为孵化成熟的项目办理工商注册、税务登记及相关事宜，提供快捷、便利服务。

5. 为项目成果发布、信息沟通、业务洽谈提供必要的服务，帮助指导入园和进入基地项目举办各种媒体宣传推广活动。

6. 组织创新、创业联谊会，开展“创新示范店”和“创业示范店”等后续服务活动。

7. 学校有计划地组织举办创新和创业成功经验交流活动，帮助创新、创业者将科技发明、专利等转化为创业项目；运用多种方式向社会宣传、推介我校创新和创业项目。

8. 每个创新、创业项目团队须配备指导教师 1 ~ 2 名，每名指导教师每年指导项目不能超过 2 项。鼓励创新、创业项目实施学校导师和企业导师双导师制，聘请优秀企业家或行业专家担任导师。

9. 聘请校内外具有实践经验又热心助人的人士担任创新创业咨询师和法律顾问等，为团队提供技术与管理的咨询服务，帮助创新创业团队分析、解决创新和创业过程中出现的问题和困难，帮助创业团队规避创业风险，降低经营损失，提高创业成功率。

10. 创新创业者出现经营困难的，委派专家会诊；创新创业成功者，优先进行免费项目推介，帮助扩大规模。

11. 每年组织对入园的项目考核一次，实施动态滚动管理。

第十八条 园区日常管理：

1. 园区每天工作时间为8：00—22：00，双休日照常。每个团队的营业时间可在上述时间范围内自主决定。

2. 由管理服务中心招聘管理员，负责园区的日常管理，包括每天按时开门、关门；每天园区清洁卫生的打扫与保持；检查安全通道，保证每个安全通道畅通无阻等。

3. 创新创业团队应在协议指定区域内经营项目，不得私自占用公共区域。

4. 创新创业团队的内部装修方案需经管理服务中心批准，方可施工，"门面"设计要规范化和个性化相结合，美观大方，不得擅自对园区既定的格局和装修等进行改造。

5. 创新创业项目的日常活动在不影响其他项目正常业务的前提下可自主开展。若需要在园区内举行大型活动，使用公共设施、场地或可能会影响到其他项目的正常业务，创新创业团队需提前三天到管理服务中心报批；如有校外人员参加，需提前一周进行报批；

6. 园区内的公用设施、项目办公单元内的桌椅、设施要爱惜使用，如有损坏，相关创新创业团队应立即向管理员报告，并向管理服务中心提交书面说明，由管理服务中心酌情处理。

7. 未尽事宜严格遵照学校相关管理制度和规定执行。

第十九条 运行管理：

1. 遵守国家的有关法律、法规，合法经营。

2. 遵守校纪校规，在学校相关制度和规定允许的范围内经营。

3. 遵守创新创业园的各项规章制度和与管理服务中心签订的协议。

4. 各团队在管理服务中心的统一管理与指导下，实行自主经营，独立核算，自负盈亏。

5. 每季度及时准确地向管理服务中心报送有关工作情况和数据，支持管理服务中心完成相关的统计工作。

6. 创新创业团队在驻园区期间不得擅自更改团队负责人。如有特殊情况确需变动，应向管理服务中心提交书面申请，管理服务中心批准后方可更改。

7. 创新创业团队在驻园区期间不得擅自更改经营项目，如有特殊情况确需变动，则应向管理服务中心提交书面申请，管理服务中心批准后方可更改，否则，勒令退出园区。

8. 创新创业团队无权转让经营场地。如发现有擅自转让经营场地者，则管理服务中心有权终止双方协议，勒令转让当事双方退园，并按学校相关规定对团队负责人和当事人进行处理。

9. 未尽事宜严格遵照学校相关管理制度和规定执行。

第六章　团队的考核与奖惩

第二十条　管理服务中心负责对入驻的团队项目进行考核，每年年底进行一次。

第二十一条　考核程序：

1. 管理服务中心发出书面通知。

2. 团队根据评估考核要求提交以下材料：内部管理制度；承担业务统计表；有工商、税务等部门许可证书的，需提交复印件；评估考核自评表；财务报表；团队业绩实证材料和团队成员在创新和创业方面获得的荣誉材料。

3. 创新项目团队需提交技术研究进展情况及下一步研究计划。

4. 管理服务中心组织有关人员对考核材料进行审核，并进行相关调查。

5. 团队在项目运行比较成熟的基础上，有责任和义务指导、培训对口专业或相关专业同学 8 人以上。

6. 考核结果以书面形式予以公布。

第二十二条　评估考核结果分优秀、合格与不合格三种。

第二十三条　入驻团队在评估考核中，如出现下列情况之一者，视为考核不合格：

1. 团队入园区后，未按要求在园区内开展工作，项目开展处于停顿状态，致使团队场地经常处于空闲或关闭状态者。

2. 未能按时向管理服务中心上报相关材料，或所报材料内容不真实，有弄虚作假现象。

3. 团队出现安全事故者。

4. 主要负责人违反法律或校纪校规受到严重警告处分以上处分者。

5. 超出业务规定范围，擅自从事与申报经营内容无关的商业活动。

6. 未经同意擅自更换团队负责人者。

7. 因安全问题，受到两次以上警告者。

8. 因卫生问题，受到三次以上警告者。

9. 擅自转让经营场地者。

第二十四条　考核结果的效用：

对入园区项目实行动态管理，年度考核被评为合格以上的，可以继续驻园区，被评为不合格的取消驻园区资格。对评为优秀的予以奖励。

第七章　团队的退出

第二十五条　合同期满退出。入驻团队协议期满（合同期为两年），到管理服务中心办理相关手续，方可退出。

第二十六条　自动申请退出：

因团队内部问题，团队负责人向管理服务中心提出退出申请，经管理服务中心审核，终止协议，办理相关手续，方可退出。

第二十七条　孵化期满退出：

1. 创新创业园主要为学生走上社会成长成才和自主创业提供尝试、准备和积累等服务，团队负责人毕业前应办理相关手续，自动退出。

2. 个别孵化成功、发展前景优秀的项目，在合同期满后，本着双方自愿的原则，可续签协议，延长经营期限为创新团队负责人毕业后两年内。

第二十八条　勒令退出：对严重违反管理规章制度或考核不合格的团队，管理服务中心可提出终止协议，办理相关手续，勒令退出。

第八章　指导老师管理

第二十九条　指导教师遴选。项目团队应遴选责任心强、专业水平较高、经验丰富的人员担任指导老师。

第三十条　指导老师管理。指导老师要加强过程指导，每三个月对项目活动做出评价，并给出书面意见和建议；每个月要组织学生讨论和交流，并给出具体指导意见。指导老师有责任监督指导学生顺利完成项目，取得预期效果。

第三十一条　指导老师奖励：

1. 学校对于指导老师在年终考核时给予一定工作量补贴，老师指导一个大学生项目团队按 10 个教学工作量补贴。获国家级、省市级分别给予 30、20 个教学工作量补贴。

2. 学校每年评选一次优秀指导老师，对精心指导、认真负责且成绩突出的老师，学校将进行表彰奖励并颁发证书。

第九章　附则

第三十二条　本办法未尽事宜，参照国家和学校有关规定执行。

第三十三条　本办法自发布之日起执行，管理服务中心负责解释。

注：钦州学院现已更名为北部湾大学。本实施细则制定于更名前。

后 记

“实鼠不易，牛转乾坤”，还有几天就要跨入辛丑牛年了。2020年突如其来的新冠疫情给我们的工作、生活带来了深刻的变化，为贯彻落实习近平总书记关于坚决打赢疫情防控阻击战的重要指导精神，各学校按照教育部的要求积极开展线上教学活动，实现了“停课不停学、停课不停教”的目标，我也通过线上教学平台完成了“创业基础”的教学任务，并面向北部湾大学的全体学生开设了“创新思维训练”的公选课。从2005年至今，我一直奋斗在创新创业教育的路上，从教育模式、课程设置、教学改革、创业实践、基地管理等方面不断地探索与实践。正是持续的坚持，让我有了把以往对大学生创新创业素养研究梳理成书的想法。本书以课程与教学论为研究的理论基础，从江西师范大学学生创业素养培养的个案出发，到钦州学院创业教育模式的探索，再到北部湾大学“到校外”高质量职业生涯服务体系的实证研究，将“理论指导实践，实践修正理论”贯穿始终，期待能为大学生创新创业素养的培养做出些许贡献。本书得到了中国人事科学研究院的指导与支持，是其2020年课题《基于区域经济发展大学生战略人力资源开发研究》的主要研究成果之一，同时也是2020年广西高等学校师资管理研究会课题《地方本科院校创新创业教育“双师型”教师培养机制研究》（项目编号：SZKT202013）和2019年度广西高等教育本科教学改革工程项目《以创新创业为目标的“技术营销学”课程模式研究与实践》（项目编号：2019JGZ133）的阶段性成果。

近几年，国家出台了一系列提高创新创业教育质量的文件精神，如《国务院办公厅关于深化高等学校创新创业教育改革的实施意见》（2015）、《国务院办公厅关于深化产教融合的若干意见》（2017）等。2018年，《教育部关于加快建设高水平本科教育全面提高人才培养能力的意见》指出，要围绕激发学生学习兴趣和潜能深化教学改革，把深化高校创新创业教育改革作为推进高等教育综合改革的突破口，面向全体、分类施教、结合专业、强化实践，促进学生全面发展；推动创新创业教育与专业教育、思想政治教育紧密结合，深化创新创业课程体系、教学方法、实践训练、队伍建设等关键领域改革。2019 年，《教育部关于深化本科教育教学改革全面提高人才培养质量的意见》指出，要挖掘和充实各类课程、各个环节的创新创业教育资源，强化创新创业协同育人。本书关于大学生创新创业素养的培养路径与策略的研究也是期待从激发学生潜能的角度推动创新创业教育的改革，未来将结合人工智能时代特征和 VR 大数据技术继续开展创新创业教育的深度研究。

未来已来，将至已至。此时，来自屈原《离骚》中的“路漫漫其修远兮，吾将上下而求索”萦绕于耳，我也将继续满腔热情地奔跑在创新创业教育的道路上。谨以此书感谢一路上支持和鼓励我的恩师、亲人、朋友与至交，因为你们，一路走来并不孤单。本书引用和参考了诸多专家、学者的研究成果，在此向各位专家和学者表示最诚挚的谢意。由于笔者水平有限，加上时间仓促，本书的错漏在所难免，敬请读者批评指正。

黄 娟

2021 年 1 月